JN075671

An Acknowledge on Publication

I would like to congratulate Professor Keiichiro Nishijima for his work "Lets achieve the goal with partnership" in which he analyzes the possibilities in El Salvador of SDGs goals achievement and the implementation of the One Village, One Product OVOP movement, it´ s advantages and challenges. I feel honored by having the opportunity to write a few words.

It is relevant to let you know the context on how it came to fruition that the graduate students from El Salvador are attending the Japan University of Economics, thanks to the international cooperation of this university.

In April 2018 I had the opportunity to organize a trip to El Salvador together with a group of Japanese entrepreneurs, members of educational entities, and friends of El Salvador with the purpose to explore possibilities of strengthen the relationship between both countries, Japan and El Salvador.

As a part of our schedule during this trip, we had the opportunity to visit two municipalities about one hour far from the capital San Salvador. The purpose of this visit was to know about two different initiatives or projects being implemented by Salvadoran authorities and staff from National Committee for Medium and Small Enterprises CONAPYPE, accompanied by the guidance and support from the Japan International Cooperation Agency, JICA.

In Apastepeque city, we heard stories from two ladies about their experiences recovering from harsh experiences due to poverty or to the violence.

We were deeply touched by the presentation of these ladies telling us the process and good results of "Mejoramiento de Vida" (Spanish) "Improvement of Life" Project (This movement started after the II World War in Okinawa and was also applied in other prefectures in Japan for the post-war recovering) . It is important to mention that among the members of this group of "Japanese friends of El Salvador" was Ms. Asuka Tsuzuki, President of the Japan University of Economics. I consider the "Improvement of Life" Project as a pre-step, or a kind of "preparation of the soil" to achieve any other initiative related to economic independence for the people, this is because it enable themselves to discover their own possibilities and also the materials or treasures near them that they did not realize before. Consequently they will have self-confidence and they will be able to have concrete "dreams" for short and medium periods in their lives. One of the ladies demonstrated the cooking sauce she had created. She rediscovered her capacities, she used to be a good cook for her family and achieved to make a delicious and popular sauce not only for her family or friends but also to sell and have income. Thus, empowering herself and improving her quality of life. This was an excellent example on how people can improve their lives with this "Improvement of Life" initiative.

The second town we visited was San Vicente where we could see "One Village One Product" OVOP Project related products such as agricultural, handicraft, or even intangible products like musical styles. It was a nice experience to witness what encouragement and support from the OVOP transforms peoples lives. We also were invited for lunch to a house where the lunch plate "San Vicente style", has been developed.

These examples give us the hint that promoting the entrepreneurship is a key to the local economic development.

Definitely these results can be connected to the Sustainable Development Goals SDGs goals for 2030, and contribute to its achievement. However, I would like to highlight instead the traditional way of business of Japan. It could be said is worth studying on how the economy and the business system should be ruled for the common wealth in society. It is surprising for example how so many companies in Japan have continue over the years, decades and even centuries. In Japan there are many over one hundred year-old companies, which are still providing services and producing products.

One of the secrets to achieve this is not only to have their own profits, but to also contribute to society with constant innovation initiatives.

Reading the book WAKON-EISAI written by the founder of the Tsuzuki Gakuen Group, Ms. Kimiko Tsuzuki, I was touched and felt admiration for the philosophy of this educational group. This way of thinking is absolutely necessary for the education of the new generations in Japan and to apply it to other countries as a model in education and other disciplines. In this book, she remarks the importance of keeping good practices and culture, and to keep an open mind to new ideas and adapting to the changing world.

Taking into account that one of the urgent topics in El Salvador is the sustainable economic growth, this kind of cooperation from the University of Economics of Japan is highly appreciated because without a doubt the studies and experiences of the students will contribute to the improvement of quality of life and economic development in our country.

I hope this work can contribute to the application and understanding of OVOP Project.

I would like to take advantage of this occasion to thank President Asuka Tsuzuki and the University of Economy of Japan for the contribution to El Salvador through the scholarship program, and Professor Keiichiro Nishijima for this publication.

June 2020

Martha Lidia Zelayandía

Ambassador of the Republic of El Salvador

発刊にあたって

　本書の出版にあたって、西嶋啓一郎教授が、「パートナーシップで目標を
達成しよう」という SDGs 目標達成におけるエルサルバドルでの可能性と、
一村一品運動（OVOP）の実施、利点と課題を分析したことを祝福します。
そして、巻頭言としていくつかの言葉を書く機会を与えていただいたことを
光栄に思います。

　エルサルバドルの留学生が日本経済大学大学院に留学し、一村一品運動
について現地で学ぶことになりました。私はここにおいて、日本経済大学に
よる国際協力が行われることとなった背景について、私の視点を交えてお伝
えします。

　2018 年 4 月に、日本とエルサルバドルの関係強化を探るために訪問した
日本の起業家、教育機関のメンバーからなる「エルサルバドルの日本人の友
達」という小さなグループがありました。私はこのグループのエルサルバド
ルでの旅程を計画する機会を得ました。そこで私は、首都サンサルバドルか
ら 1 時間ほど離れた 2 つの自治体を訪問する行程を計画しました。訪問の
目的は、国際協力機構（JICA）の指導と支援を受けて、サルバドール当局と
中小企業国家委員会（CONAPYPE）のスタッフが実施している 2 つの異な
る取り組みや運動を視察することでした。

　アパステペケ市では、現地の 2 人の女性による、貧困や町の暴力状況の
ために、困難な状況から回復した体験についての話を聞くことができました。
スペイン語で「Mejoramiento de Vida」とい取組みである「生活改善」ですが、
この運動は日本の戦後の復興の段階で農村地域において広がったものと同じ
ものです。日本では第二次世界大戦前の皇国農村建設運動から始まったとい
われますが、戦後の農村の生活改善を主とした運動で、特に戦後の沖縄で展
開されました。日本の戦後の復興の段階では、様々な地域に広がった運動で
す。

　アパステペケ市で現地の 2 人の女性が語った運動の取組みにおける良い
結果の話しは、訪れたグループのメンバーみんなに深い感動を及ぼしました。
この「エルサルバドルの日本人の友達」のグループのメンバーの中には、日

本経済大学学長の都築明寿香先生がいました。

　「生活改善」運動は、人々の経済的自立に関連する他のイニシアチブを達成するための前段階、または一種の「土壌の準備」と考えられています。これは、自分自身の可能性を発見し、また、そこで暮らす人々がこれまでに気づかなかった自分たちが暮らす地域にある宝物と言える資源を見つけることです。その結果、彼らは自信を持ち、彼らの生活の中で身近に感じる具体的な「夢」を持つことができます。

　現地において1人の女性が、彼女が開発した料理用ソースを見せてくれました。以前の彼女は家族のために料理が上手なだけでした。しかし彼女は自分の能力を再発見し、家族や友人のためだけでなく、自分の料理を販売して収入を得ることを試みました、そしてそのために美味しくて人気のあるソースをつくることに成功したのです。彼女の成功は、自分自身に力を与え、人生の質を向上させる可能性をもたらしました。これは、人々がこの「Improvement of Life」におけるイニシアチブで、どのように生活を改善できるかについての優れた例でした。

　2番目に訪れた町はサンビセンテで、そこでは「One Village One Product」のOVOPに関連する農産物、手工芸品に加えて、音楽のスタイルなどの無形の製品などを見ることができました。このOVOPの取組みでは、人々の背中を適切に押すことで、人々の生活がどのように変わるかを知ることは素晴らしい経験でした。またここでは、この街の新しいアイコンである「ランチプレートサンビセンテスタイル」が開発された家でのランチにも招待されました。この町におけるこれらの例は、起業家精神の促進が地域の経済発展の鍵であるという証拠を与えてくれています。

　そして確かに、これらの結果は、2030年のいわゆるSDGs目標に関連付けられ、その達成に貢献することができます。しかし私はここでは、日本の伝統的なビジネスのやり方を強調したいと思います。エルサルバドルの発展においては、日本のいくつかの企業の哲学を研究する価値があると言えるでしょう。たとえば日本では、100年以上の歴史を持ち、商品やサービスを社会に提供している企業があると聞き及んでいます。日本でこれほど多くの企業が長年にわたって継続しているのは驚くべきことです。そのための秘訣

のひとつは、自己利益だけでなく、常にイノベーションを起こして社会に貢献していくことです。

　私は、都筑学園グループの総長である都築仁子先生のご著書「和魂英才」を読んで、この教育学園グループの理念に感動し、共感を覚えると同時に、この考え方は日本の新世代の教育と他の国での教育やその他の分野のモデルとしての応用に完全に必要だと確信しています。

　エルサルバドルにおいて、私たちの国の生活と経済発展の喫緊の課題は、持続可能な経済成長であることを踏まえると、日本経済大学大学院における留学生の研究や経験が、エルサルバドルの教育や研究の質の向上に寄与することは間違いなく、日本の大学からのこのような協力は高く評価されることです。この日本経済大学における国際貢献が、エルサルバドルの OVOP の適用と理解に貢献できることを願っています。

　この場を借りて、都築明寿香学長が主導される日本経済大学の奨学金によるエルサルバドルへの寄付と、西嶋啓一郎教授の本への寄稿において感謝の意を記します。

2020 年 6 月吉日

マルタ リディア・セラヤンディア
駐日エルサルバドル特命全権大使

※本文は、著者が翻訳して、マルタ
ディア・セラヤンディア大使により
確認を得たものである。

SDGsを基盤にした 大学連携型国際貢献 エルサルバドルの OVOP

西嶋啓一郎 著

セルバ出版

まえがき

　日本には、農村生活改善運動（以下 R-LIM ＝ Rural Life Improvement Movements）の長い歴史がある。第二次世界大戦前においては、農業危機時に常に強制的に導入され、様々な強制的な引き締めキャンペーンにより、農村の生活水準のレベルの向上が図られた。戦後の R-LIP は、戦前とはまったく異なる特徴を持つ新しい農業拡大システムで 1948 年に始まった。農夫は農業コミュニティーの日常生活を改善するための小グループ活動に積極的に関わった。家の改善の助言サービスを担当する女性の普及員は、農業家族の女性メンバーのグループを組織するという重要な役割を果たした。

　これらのグループメンバーの問題解決とエンパワーメントの革新的な方法は、これらの女性エクステンショニストによって生み出され、R-LIP の女性参加者が農村部の女性起業家や農村部の女性起業家になるという結果をもたらした。彼らは、今日の日本の農村部の活性化プロジェクトの主役といえる。

　また、R-LIP に加えて、栄養改善キャンペーン、全国の蚊とハエ撲滅キャンペーン、田舎の公民館の活動による成人教育の促進など、様々な社会開発プログラムも農村部において実施された。その中でも、保健省（厚生労働省の前身厚生省の計画段階の名称）が主催する栄養改善キャンペーンと全国の蚊駆除キャンペーンは最も積極的に受け入れられ、村全体で包括的に実施された。

　しかし、これらのプロジェクトは、主婦協会や地方の青年協会などの従来の既存の地方組織に大きく依存していたため、目的が達成されると、キャンペーンの熱意が弱まっていった。

　このような日本の R-LIM の経験に基づいて、開発途上国における今日の農村開発への導入が期待されている。そこでは第一に、R-LIP の同時実施と技術経済的改善の重要性を確認する必要がある。第二に、R-LIP は本質的にマルチセクターであるため、関係する実施機関間の調和のとれた関係と調整が強く求められる。第三に、成功した農村開発プロジェクトは、効果的な開発コミュニケーションチャネルに依存して、中央の政策メッセージを地元住

民に届けるだけでなく、地域の社会文化的条件に応じて、政策メッセージを許容可能な形式に変換することが必要となる。この仕組みを R-LIM から引き継いだのが SDGs を基盤とした一村一品運動（OVOP = One Village One Product Movement）である。

　SDGs は、「我々の世界を変革する：持続可能な開発のための 2030 アジェンダ」と題する成果文書で示された 2030 年に向けた具体的行動指針である。そして、SDGs では、だれ一人取り残さないことと、経済発展と社会的課題の解決を両立することが提唱されている。

　日本では、経済発展と社会的課題の解決を両立していく新たな社会である Society 5.0 の実現を目指す方針が、SDGs アクションプランによって打ち出されている。そして、開発途上国における効果的かつ的を絞った能力構築の実施に対する国際的な支援の強化では、地域資源を生かして特産品をつくる大分県発祥の OVOP の展開が、アフリカや中央・南アメリカの国々で実施されている。

　南アメリカのエルサルバドルでは、2010 年の OVOP 事業導入以来、国内 82 市で OVOP コンセプトの普及・啓蒙が図られ、OVOP を主体的に運営する地域別委員会が 42 市で設立され、各種 OVOP 活動が実施されている。またこれら地域別委員会の連合である全国 OVOP ネットワークが設立され、さらには国家小零細企業委員会（以下 CONAMYPE）内に OVOP 局が設置されるなど、体制面での拡充が図られている。また政策面でも OVOP 事業の政策的支柱となる「OVOP 国家政策」が 2016 年 10 月に策定・公布された。これにより、OVOP 事業の継続性が担保されたことから、制度・政策面でもエルサルバドルでの地場産業振興の重要な活用事例となっている。

　日本経済大学は、SDGs を基盤とした大学連携型国際貢献の一環として、エルサルバドとの関係も深めている。2019 年 7 月に、日本経済大学学長がエルサルバドルを訪問し、ホセ・マティアス・デルガド大学（UJMD = Universidad Dr. José Matías Delgado）及び、エルサルバドル・テクノロジー大学（UTEC = Universidad de Tecnológica de El Salvador）と学術協定を締結した。UJMD との学術協定締結は、今後の両大学における学生の交換留学、教員の相互派遣、起業や事業承継、持続可能な社会に向けた教育研究に関する合意である。

また、日本経済大学では「エルサルバドル都築奨学生プログラム」を立ち上げ、2019年3月に、エルサルバドルのOVOPを牽引するCONAMYPEと、エルサルバドルの人材育成に貢献するために、エルサルバドルOVOPの若手リーダーを対象とした奨学生プログラムの協定書を締結した。このプログラムは、2019年からの5年間において、エルサルバドルから毎年2名の奨学生を日本経済大学大学院経営学研究科修士課程（2年間）に受け入れ、経営学やビジネスマネジメント研究の専門知識を学ぶ機会を提供するものである。研究の目的は、エルサルバドルOVOPの支援がテーマとなっている。

　エルサルバドル都築奨学生プログラムの合意書締結を以って、2019年4月から、エルサルバドル国内で選抜されたOVOPを担うリーダー候補の留学生2名が日本経済大学大学院経営学研究科修士課程（福岡サテライトキャンパス）において研究指導を受けている。彼らは、経営学やビジネスマネジメント研究の専門知識を学びながら、元祖OVOPの大分県でのフィールドワークや中小企業でインターンシップの経験を行っている。

　本書では、第1編において、OVOPの背景・理念・成果として、大分県でのOVOPの発祥の経緯やOVOPに込められた地域づくりの理念をみていく。また、OVOPでは地域特産品ビジネスのブランド戦略が進められるため、OVOPブランディングにおける法務を考察する。そして、1979年から2世代の知事によって進められてきたOVOPについて、IoTやAIといった新しい技術の導入によるOVOPビジネスにおけるデジタルマーケティングの活用を、OITA4.0のプロジェクトを通してみていく。

　第2編では、SDGsを基盤としたOVOPの展開として、海外で展開するOVOPにおける課題を考える。そして最後に、OVOPに求められる新たな価値創造による経済発展と社会的課題の解決の両立について、SDGsを基盤としたOVOPビジネスの技術革新の方向性を概観する。

2020年8月

西嶋　啓一郎

SDGs を基盤にした大学連携型国際貢献　エルサルバドルの OVOP　目次

序章　SDGs目標17・パートナーシップで目標を達成しよう
日本経済大学による大学連携型国際貢献　エルサルバドルOVOP

第1編　一村一品運動(OVOP=One Village One Product)

第1章　OVOPの背景・理念・政策

第 2 編　SDGsを基盤としたOVOPの展開

第 1 章　SDGs を基盤とした OVOP の海外展開における理念と政策

第 2 章　SDGs を基盤とした Society5.0 と OVOP ビジネスの技術革新

あとがき

序章
SDGs目標17・パートナーシップで目標を達成しよう

日本経済大学による大学連携型国際貢献 エルサルバドルのOVOP

【要旨】

　日本経済大学では、2019年3月に「エルサルバドル都築奨学生プログラム」を立ち上げた。このプログラムは、2019年からの5年間において、エルサルバドルから毎年2名の奨学生を日本経済大学大学院経営学研究科修士課程に受け入れ、エルサルバドルOVOPにおける経営やビジネスを学ぶ機会を提供するものである。

　エルサルバドルOVOPには、戦後日本の生活改善運動と参加型開発が基盤になっている。そこでは、生活改善普及事業の直接的対象者である農村女性と外部の諸機関・諸団体との協力体制が構築されている。またOVOPの取組みは、地域づくり、人づくりを基本に地域経済の再生発展を目的にするために、SDGsの17の目標すべてに該当するプロジェクトである。日本経済大学による大学連携型国際貢献は、このプログラムを契機に更に他の地域にも普及されることが期待される。

キーワード：SDGs、OVOP、生活改善運動、エルサルバドル、日本経済大学大学院

1　はじめに

　2015年9月、ニューヨークの国連本部で開催された「持続可能な開発サミット」において、地球規模で取り組むべき大きな国際目標が採択された。それは、持続可能な開発目標（SDGs = Sustainable Development Goals）である。そしてSDGs目標17には、持続可能な開発のための実施手段を強化し、グローバル・パートナーシップを活性化することが掲げられている。

　目標を達成するための具体的なターゲットでは、17.6で「科学技術イノベーション（STI = Science Technology and Innovation）」及びこれらへのアクセスに関する南北協力、南南協力及び地域的・国際的な三角協力を向上

させる。また、国連レベルをはじめとする既存のメカニズム間の調整改善や、全世界的な技術促進メカニズムなどを通じて、相互に合意した条件において知識共有を進める」こと。17.7 では「開発途上国に対し、譲許的・特恵的条件などの相互に合意した有利な条件の下で、環境に配慮した技術の開発、移転、普及及び拡散を促進する」こと。17.8 では「2017 年までに、後発開発途上国のための技術バンク及び科学技術イノベーション能力構築メカニズムを完全運用させ、情報通信技術（ICT）をはじめとする実現技術の利用を強化する」こと。17.9 では「すべての持続可能な開発目標を実施するための国家計画を支援するべく、南北協力、南南協力及び三角協力などを通じて、開発途上国における効果的かつ的をしぼった能力構築の実施に対する国際的な支援を強化する」ことなどが目指されている。

　STI による環境に配慮した技術の開発、移転、普及及び拡散を促進し、後発開発途上国のための技術バンク及び科学技術イノベーション能力構築メカニズムを完全運用させること。また、情報通信技術（ICT）をはじめとする実現技術の利用を強化することに関しては、日本では、経済発展と社会的課題の解決を両立していく新たな社会である Society 5.0 の実現を目指す方針が、SDGs アクションプランによって打ち出されている。そして、開発途上国における効果的かつ的をしぼった能力構築の実施に対する国際的な支援の強化では、地域資源を生かして特産品をつくる大分県発祥の一村一品運動（OVOP ＝ One Village One Product Movement）の展開が、アフリカや中央・南アメリカの国々で実施されている。

　日本経済大学大学院では、中央アメリカで OVOP の取組みを進めているエルサルバドルから、5 年間延べ 10 名の留学生を受け入れて、OVOP をテーマとした教育・研究支援が行われる。研究のテーマは、SDGs を基盤とした OVOP の推進である。そして OVOP の取組みが、SDGs 目標 17 のすべてに該当するプロジェクトであること。特に開発途上国における目標 1「貧困をなくそう」、目標 2「飢餓をゼロに」、目標 3「すべての人に健康と福祉を」、目標 4「質の高い教育をみんなに」、目標 5「ジェンダー平等を実現しよう」、目標 8「働きがいも経済成長も」、目標 9「産業と技術革新の基盤をつくろう」ついて有用であることを明らかにすることを目的とする。

2 日本経済大学のグローバルな取組み

　日本経済大学では、中国、韓国、台湾といった東アジアの近隣諸国をはじめ、ネパール、バングラデシュ、スリランカなどの南アジア、ベトナム、ミャンマー、タイ、マレーシアなどのアセアン諸国から多くの留学生を受け入れている。留学生は、大学でそれぞれ経済学、経営学の専門を学び日本の企業に就職し、更に日本的経営を学ぶ者が多い。また、卒業後に自分の出身国、あるいは日本において創業起業し、自分の夢を実現する者もいる[1]。

　日本経済大学では、2016 年度より SDGs を基盤とした地域貢献科目を開講して、アクティブラーニングを取り入れた実践的な教育に取り組んでいる。地域貢献科目講義では、様々な地域の取組みの事例紹介等を通して、地域の問題発見、解決策の検討・提案の発表会などが実施される。特に留学生にとっては、キャンパスが立地する地域の様々な行事等に加わることによって、そこに暮らす人々、その場所で繰り広げられるイベントを支える人々との交流があって、初めて地域に加わることが経験できる。地域貢献講義におけるアクティブラーニングでは、地域の人々とのコミュニケーション能力を身に着けること、地域の問題に取り組み、その関係構造を見つけ出すこと、そして、問題解決のための施策を考え提案すること等が目標とされる。

　また日本経済大学では、海外の多くの大学と交流を深めている。図表 1 は日本経済大学が提携する海外の大学を示すが、海外約 20 か国・地域の 50 大学と提携を結び、世界中のあらゆる地域の高等教育機関との交流が行われている。

　そして、海外提携大学への厳選された多彩な留学プログラムを揃え、真の国際的経済人の育成を目指している。そのために在学中には、「ROSE 留学」、「交換留学」、「認定留学」などの多彩な留学プログラムが用意されている。例えば ROSE 留学は、イギリス、オーストリア、フランス、中国、台湾、韓国の提携大学にコミュニケーション能力の向上、異文化に対する理解力や適応力を培うことができる短期研修プログラムである。交換留学では、海外提携大学への 1 年または 1 学期間の期間が設けられている。

【図1　日本経済大学の学園グループが提携する海外の大学】

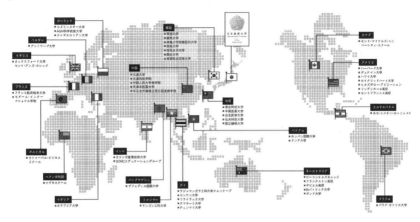

（出典：日本経済大学キャンパスガイド 2021、p9-10 の図より転載）

　日本経済大学では、中央アメリカのエルサルバドルとの関係も深めている。2019 年 7 月に、日本経済大学学長がエルサルバドルを訪問し、ホセ・マティアス・デルガド大学（UJMD = Universidad Dr. José Matías Delgado）及び、エルサルバドル・テクノロジー大学（UTEC = Universidad de Tecnológica de El Salvador）と学術協定を締結した。UJMD との学術協定締結は、サンサルバドル市内の UJMD キャンパスにおいて、ホセ・カンベル学長と都築明寿香学長による調印式が実施され、今後の両大学における学生の交換留学、教員の相互派遣、起業や事業承継、持続可能な社会に向けた教育研究に関して合意がなされた。

　UJMD は、エルサルバドルの総合大学で、経営、経済、ツーリズム、アート、音楽などの幅広い分野で教育・研究が行われている。また、起業や事業承継、社会貢献プログラムなど、エルサルバドが抱える経済問題に対し、大学の場から、起業家支援や経済活性化プロジェクトである OVOP の専門的支援を行うなど、キャンパスを超えた活動を積極的に進めており、日本経済大学で進められている地域貢献及び起業家育成との親和性が高いために今回の協定締結が実現した。UJMD にとっては、この学術協定が、初めての日本の大学との協定となるものである。

【図表2　UJMD ホセ・カンベル学長と都築明寿香学長による調印式（左）
　　　　UTECネルソン・サハテ学長と都築明寿香学長による調印式（右）】

（出典：都築学園グループプレスリリース（2019 年 7 月 24 日）写真から転載）

3　エルサルバドル共和国の一村一品運動

3-1. エルサルバドルの紹介

　エルサルバドルは、中央アメリカ中部に位置するラテンアメリカの共和制国家である。北西にグアテマラ、北と東にホンジュラス[2]と国境を接しており、南と西は太平洋に面している。中央アメリカ 5 か国[3]のうち、唯一カリブ海に面していない。首都はサンサルバドルである[4]。

　エルサルバドの国土は、カリブ海諸国以外の南北アメリカ大陸全体で最小の国家であるが、歴史的に国土の開発が進んでいたため[5]、人口密度では最高である。

　エルサルバドルでは、有機鉱物資源、金属鉱物資源は産出されていない。鉱業の対象となる唯一の資源は塩である。経済は歴史的に農業が中心であるが、寡頭大土地所有の問題がある[6]。

　エルサルバドルの農業は、特にコーヒー、砂糖、綿花の栽培が盛んである。しかし、穀物、根菜の栽培量は自給に必要な量に達していない。そのため、農業国であるにもかかわらず、穀物を輸入している。

　エルサルバドルは中米地域で 3 番目に大きな経済規模にもかかわらず、ラテン・アメリカ全体で上位 10 番以内に入る貧しい国でもある。

【図表3　エルサルバドルと周辺の国（出典：旅行のともZuntech図より転載）】

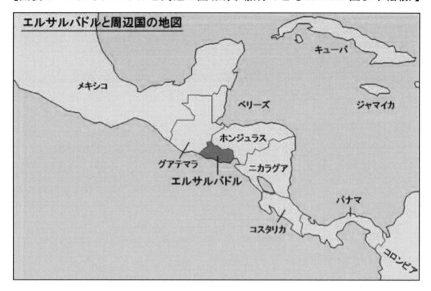

https://www.travel-zentech.jp/world/map/El_Salvador/Map_of_El_
Salvador_and_neighboring_countries.htm

【図表4　エルサルバド行政区分地図：出典imagenavi 図から転載】

https://imagenavi.jp/search/detail.asp?id=19601004

21

3-2. エルサルバドの OVOP

　エルサルバドルでは、2010 年の OVOP 事業導入以来、国内 82 市で OVOP コンセプトの普及・啓蒙が図られ、OVOP を主体的に運営する地域別委員会が 42 市で設立され、各種 OVOP 活動が実施されている。またこれら地域別委員会の連合である全国 OVOP ネットワークが設立され、さらには国家小零細企業委員会（以下 CONAMYPE）内に OVOP 局が設置されるなど、体制面での拡充が図られた。

　また政策面でも OVOP 事業の政策的支柱となる「OVOP 国家政策」が 2016 年 10 月に策定・公布された。これにより、OVOP 事業の継続性が担保されたことから、制度・政策面でもエルサルバドルでの地場産業振興の重要な活用事例となっている。

　エルサルバドルにおいて OVOP が受け入れられ、活用されている要因としては、日本の過疎地域と同様の課題が考えられる。それは国内産業の未発達のために、国外への人材の流出が発生するという負のスパイラルの問題である[7]。そのためエルサルバドでは、地域経済の疲弊と地域コミュニティ意識崩壊などの危機に直面している。そしてその打開策として、OVOP に着目されたのである。そして、そこでは戦後日本の生活改善運動と参加型開発が基盤になっている。

　日本のエルサルバドルにおける OVOP の支援は、国際協力機構（JICA = Japan International Cooperation Agency）の協力により 2012 年 11 月から個別専門家が派遣されている。JICA のこれまでの活動としては、CONAMYPE の職員や地域アクターの人材育成、CONAMYPE 内への OVOP 事務局設置、OVOP 政策、戦略ガイドラインの設定など、OVOP を促進するための制度化を支援している。

　エルサルバドにおける OVOP 産品は、農産物加工品、民芸品など多く生産されている。たとえば、西部アウアチャパン県のサンロレンソ市や中部サンビセンテ県のサンビセンテ市が OVOP 特産品として生産する中央アメリカ原産のホコテ (カシューナッツ科果樹) の果実の加工品 (ジャムやリキュール)、また同サンロレンソ市が中心となって生産する同じく中米原産のロロコ (ツル科植物) の花の芽の加工産品 (ペーストやパスタソース) などがある。

【図表5　ロココの花の芽（左）とロココのペーストやパスタソース（右）】

（出典：Asahi Shimbun GLOBE 2018 年 3 月 13 日記事より転載）

https://globe.asahi.com/article/11593930

4　日本経済大学大学院での留学生受け入れ

　日本経済大学大学院経営学研究科は、グローバル化に対応する専門的な職業を担う人材の育成を行っている。専門領域は以下の 3 つである。

①経営戦略研究

②技術経営研究

③医薬マネジメント研究

　博士課程後期では、実践する知を基本にした学術研究能力、高度な専門性と仮説検証の実践的能力、意思決定に資する優れた情報分析能力などを多角的に研究する「インテリジェンス研究」を研究領域にしている。

　日本経済大学都築明寿香学長は、2019 年 3 月にエルサルバドルを訪問し、同国の経済活性化政策である OVOP を牽引する CONAMYPE のイリアナ・ロヘル長官と、エルサルバドルの人材育成に貢献するために、エルサルバドル OVOP の若手リーダーを対象とした奨学生プログラムの協定書を締結した。

　協定調印式にはエルサルバドル側から CONAMYPE イリアナ・ロヘル長官、日本側から在エルサルバドル日本国大使館増田参事官、日本経済大学都築明寿香学長が出席して調印が行われた。

【図表6　ルサルバドル奨学生プログラム協定調印式（2019年3月26日UJMDにて）】
左から在エルサルバドル日本国大使館増田参事官、CONAMYPE イリアナ・ロヘル長官、都築明寿香学長

（出典：日本経済大学 H.P.（2019 年 3 月 28 日）から転載）

　エルサルバドルでは、前節で述べたように OVOP による地域活性化が取り組まれているが、成功に向けては、各地域での連携や専門的知識、経営やビジネス、リーダーシップの教育を受けた若い人材の育成が必須という課題があった。この認識と要望は、CONAMYPE において非常に強いものであった。

　そこで日本経済大学では、大学連携型国際貢献として、「エルサルバドル都築奨学生プログラム」を立ち上げた。このプログラムは、2019 年からの5 年間において、エルサルバドルから毎年 2 名の奨学生を日本経済大学大学院経営学研究科修士課程（2 年間）に受け入れ、経営学やビジネスマネジメント研究の専門知識を学ぶ機会を提供するものである。研究の目的は、エルサルバドル OVOP の支援がテーマとなっている。

　協定書は、サンサルバドル市内の UJMD キャンパスに於いて、エルサルバドル大使館増田参事官の立会いの下、CONAMYPE イリアナ・ロヘル長官と都築明寿香学長の間で締結された。調印式には、エルサルバドル OVOP 関係者、CDMYPE メンバーや学生も参加した。調印後にはエルサルバドル

での OVOP の進捗状況や、今回合意された奨学生プログラムについての説明会も開催された。

5　日本の農林省の生活改善普及事業の理念

　戦後の日本における生活改善運動については、2009 年中間、内田の研究がある[8]。以下に中間、内田の研究を引用する。

　1948 年に開始された協同農業普及事業は、GHQ が農村民主化のために推し進めた改革の 1 つであった。農業改良、生活改善、青少年育成の 3 つの事業で構成されていた。生活改善普及事業の主管は農林省農業改良局普及部に設置された生活改善課であった。

　初代生活改善課長には文部省から大森松代が迎えられた。農林省初の女性課長であった。大森はアメリカへの留学経験があったために、民主主義や個人主義をよく理解していた。課長をはじめとする職員の多くが高等教育機関で家政学を学んだ女性であった。

　大森は「第一回生活改善に関する懇談会」（1948 年 11 月 30 日）で、「組織的なものを用ひると」、「従来の国防婦人会のやうになる」として既存の組織を利用して生活改善を行うことに否定的見解を示した。既存の組織とは婦人会のことである。大森は「はじめは何処までも個々の人たちを対象とし、そこから自分自身で組織の力をつくり上げるところまでゆきたい」と述べた。自主的に結成された組織によって生活改善を行うべきだという考えであった。

　このように戦後の日本の農村生活改善運動は、新しい組織において出発した。それは、「農村民主化」への寄与、「考える農民」の創出という理念の下、生活改善普及事業が各都道府県で開始されることとなった。

　当初は生改普及員が担当地区を満遍なく巡回して啓蒙指導を行った。しかし、啓蒙指導では「成果を積み上げていくことができないという反省」が生じたため、1951 年 7 月、農林省は生活改善の推進方策として濃密指導方式を打ち出した。

　濃密指導方式とは、「意欲のあるところを重点的に指導し、そこに生活改

善グループを育成して普及活動の拠点」とする方法であった。生改グループは「上からの組織としてではなく、自発的に任意に農民によって作られるべきである」とされた。「自発的」、「任意」という文言から、個人の主体性を重視した政策立案者の理念が生改グループの育成方針に反映されていることがわかる。

6　大学連携型国際貢献に期待される成果

エルサルバドル都築奨学生プログラムの合意書締結を以って、2019年4月から、エルサルバドル国内で選抜されたOVOPを担うリーダー候補の留学生2名が日本経済大学大学院経営学研究科修士課程（福岡サテライトキャンパス）において研究指導を受けている。

彼らは、経営学やビジネスマネジメント研究の専門知識を学びながら、元祖OVOPの大分県でのフィールドワークや中小企業でインターンシップの経験を行っている。

日本での実証事例では、OVOPが地域の活性化を推進するその一方で、OVOPの運用方法、事業の継続等について多くの課題も明らかになっている。たとえば、ある地域でのOVOPでは、多品種少量生産に偏ったために市場の需要に応えられなかったことや、地域特産品のブランディングにおいて、同じ品目を複数自治体が掲げてブランドが乱立したことで、農業全体としては競争力低下を招いたことなども確認された。

また、OVOP就業者の高齢化や後継者不足に関しては、東京一極集中が進む日本において、過疎地域を抱える地方において厳しい状況にあり、次世代への承継と地域の振興に暗い影を落としているところもあることなどが確認された。

日本では「未来投資戦略2017」において、第4次産業革命（4IR＝Fourth Industrial Revolution）が打ち出されている。これは、IoTやAIといった新技術によるイノベーションを、あらゆる産業や社会生活に取り入れることで、経済発展と社会的課題の解決を両立していく新たな社会であるSociety 5.0の実現を目指すものである。OVOPを創出した大分県では、「大

分県版第4次産業革命 OITA4.0」としてあらたな展開が行われている。日本で展開される新技術によるイノベーションの現場を留学生がフィールドワークすることは、自国のこれからの OVOP の方向性を探るうえで有効な実体験となる。

　なぜなら、OVOP の取組みは、SDGs 目標 17 のすべてに該当するプロジェクトであるからである。特に、開発途上国においては、SDGs の目標 1「貧困をなくそう」、目標 2「飢餓をゼロに」、目標 3「すべての人に健康と福祉を」、目標 4「質の高い教育をみんなに」、目標 5「ジェンダー平等を実現しよう」、目標 8「働きがいも経済成長も」、目標 9「産業と技術革新の基盤をつくろう」ついて有用であると考えられるからである。

7　結び

　SDGs は、「我々の世界を変革する：持続可能な開発のための 2030 アジェンダ」と題する成果文書で示された 2030 年に向けた具体的行動指針である。そして、SDGs では、誰一人取り残さないことと、経済発展と社会的課題の解決を両立することが謳われている。

　OVOP の取組みは、地域づくり、人づくりを基本に地域経済の再生発展を目的にするために、SDGs の 17 の目標すべてに該当するプロジェクトである。また、日本を始めとした先進国では、Society5.0 でのイノベーションによる経済発展と社会的課題の解決を両立が目指されているが、開発途上国では未だに Society3.0 の工業化に至っていない国も多いため、一足飛びにSociety5.0 に適用できることには無理があると考えられる。

　そのために日本などの SDGs 先進国は、経済発展と社会的課題の解決のための SDGs の制度設計として、SDGs 目標 16「平和と公正をすべての人に」の支援が求められる。

　この度の日本経済大学の「エルサルバドル都築奨学生プログラム」は、エルサルバドル OVOP での経営やビジネス、リーダーシップの教育を通した人材の育成である。日本経済大学による大学連携型国際貢献は、このプログラムを契機に更に他の地域にも普及されることが期待される。

参考文献

・後藤政子（1993）「新現代のラテンアメリカ」時事通信社

引用

1　日本経済大学では、社会が求めるための創業・起業を目指す学生を支援するために、福岡キャンパスにおいてインターナショナル・インキュベーションセンター（IIC ＝ International Incubation Center）を 2016 年度から開設している。

2　1969 年 7 月 14 日から 7 月 19 日にかけてエルサルバドルとホンジュラスとの間で、国境線問題、ホンジュラス領内に在住するエルサルバドル移民問題、貿易摩擦などといった様々な問題が引き金となり紛争が勃発した。

3　アメリカ大陸を北・中・南に分類した場合、北アメリカと南アメリカをつなぐ地峡部が中央アメリカで、グアテマラ、ベリーズ、エルサルバドル、ホンジュラス、ニカラグア、コスタリカ、パナマの 7 か国からなる地域であるが、中央アメリカ 5 ヶ国とは、中央アメリカ連邦共和国（1823 〜 1839）を構成していたグアテマラ、エルサルバドル、ホンジュラス、ニカラグア、コスタリカを指す。

4　サンサルバドルの 2016 年の人口は、24 万 7959 人で同国 2 位。2016 年の都市圏人口は 181 万 5600 人で、同国 1 位。 中米有数の都市である。 スペイン語で「聖救世主」を意味する。

5　エルサルバドルは、スペインの支配に入った後の 1560 年以降は、グアテマラ総督領の一部として管理下に置かれ、農業や牧畜業、藍の生産などが営まれたが、中央アメリカの中ではグアテマラと並び開発が進んだ地域であった。

6　エルサルバドルの寡頭支配層はコーヒーによって生み出されており、経済発展もコーヒーを中心とするものであった。

7　エルサルバドでの国籍離脱者は、1980 年代の内戦の間、政治的、経済的および社会的な状況の中から生まれたものが大部分である。そのためエルサルバドルの外貨獲得元は、外国に滞在するエルサルバドル人からの送金が主であり、20 億ドル以上と概算されている。外国滞在のエルサルバドル人は 200 万人以上であり、アメリカ、カナダ、メキシコ、グアテマラ、コスタリカ、オーストラリア、スウェーデンが主な滞在国である。

8　中間、内田（2009）「戦後改革期における生活改善普及事業と婦人会―島根県を事例に―」農林業問題研究、第 174 号、2009 年 6 月

第1編
一村一品運動
(OVOP=One Village One Product)

第1章

OVOPの背景・理念・政策

【要旨】

　一村一品運動（以下 OVOP = One Village One Product）は、過疎問題に直面した九州大分県が県民の知恵を結集して取り組んだ地域創生事業である。この事業は 1979 年から 6 期 24 年知事を努めた平松守彦が取り組んだ事業である。この事業の特徴には、地域と世界をつなぐグローバル化、地域が自ら考え工夫する自立化、運動を担う人材育成などの理念と政策を挙げることができる。またこの事業は、日本国内の他の地域や、国際協力機構の青年海外協力隊などを通じて開発途上国への支援政策にもなっている。そして、この事業は平松知事のあとを受けた広瀬知事により大分県版第 4 次産業革命 OITA4.0 へのあらたな展開が図られようとしている。

キーワード：一村一品運動（OVOP = One Village One Product）、地域創生、
　　　　　　大分県版第 4 次産業革命 OITA4.0

1　はじめに

　一村一品運動（以下 OVOP = One Village One Product）とは、1979 年に当時の平松守彦大分県知事が提唱したものである。平松は、「大分県を活性化する 1 つの道として、それぞれの地域が地域の誇りとなる産品－農産品でもよければ観光でも民謡でもよい－それぞれの地域の顔となるものをつくりあげていこうという運動を提唱することを考えた」と記している[1]。

　OVOP の原点となったのは旧・大山町（現・日田市大山町）が 1961 年から行っていた NPC 運動 (New Plum and Chestnut 運動) である。旧・大山町の地勢が稲作に適しない山間部であることを逆に生かし、「梅栗植えてハワ

イに行こう」というキャッチフレーズの下、収益率が高く、農作業が比較的楽な農作物を生産、果物を出荷するほか、付加価値が高い梅干しなどに加工して出荷を行うという運動である。これが成功したことに平松大分県知事が着眼し、大分県全体に広げたのが OVOP である。本章では、OVOP が大分県で展開された背景と理念、そしてその成果を見ていく。

2　OVOPの背景

　大分県は、1975 年当時全国一の過疎県であった。過疎地域振興特別措置法に基づく大分県の過疎市町村は、58 団体中の 44 団体（3 市 30 町 11 村）および過疎経過措置団体 1 市という状況にあった[2]。過疎は地域を悪循環に取り込んでしまう。たとえば地域から若者が流出すれば、その地域の活力は減退して税収も減少し生活基盤の充実が図れなくなる。そうなれば地域の魅力が失われ、さらに過疎化が進行するわけである。

　そのために当時の大分県では、過疎問題に前向きに対処しなければならず、全県的に地域の人々の英知を結集する必要があった。そこで、結集のために必要とされたシンボルが、一村一品運動だったのである。

　ただし、一村一品運動にはそこに至る系譜があった。一村一品運動が提唱される以前から、県民運動として推進されてきた「ふるさとづくり運動」や「県産品愛用運動」などがあった。また、地域の人々の自主的な取組みとして、当時の大山町（現・日田市）や由布院（当時の 行政区域では湯布院町、現・由布市）に代表される「ムラおこし運動」があった。つまり、一村一品運動はこれらの運動を土台にする形で発展していったのである。

　一村一品運動が軌道に乗り始めた 1982 年に取り纏められた大分県地域経済情報センターの「大分県の『一村一品運動』と地域産 業政策」では、一村一品運動の意味するところを、次のように要約している。「大分県下 58 市町村（当時）がそれぞれ、自分達の顔となる産品、これならば全国的な評価に耐えられるという産品を開発していこう、というもので、それによって地域（自前）の産業を興し、就業の場をつくり、若者を定着させることをねらいとしている」[3]。

3 OVOPの理念と政策

　一村一品運動の理念としては、「ローカルにしてグローバル」という標語のもと、全国・世界に通じる物をつくる目標を掲げ、自主的な取組みを通して自前の特産品を育てることができる人や地域を育てる「人づくり」「地域づくり」をあげることができる。また、付加価値の高い特産品を生産することによって、農林水産業の収益構造の改善を目指した。したがって、一村一品運動には次の3つの理念が掲げられている。

①ローカルにしてグローバル
②自主自立・創意工夫
③人づくり・地域づくり

　この3つの理念において平松は次のように述べている。

　①において、「大分の顔、シイタケのように地域の文化と香りをもちながら世界に通じるものをつくる。地域にあるものに磨きをかける。『そこにしかないモノづくり、そこにしかない文化創造』である。私は『しかない文化』、『しかない産品』といっているが、それが世界的な評価に堪えられる、つまり、グローバルなものになっていくのだ」。

　②では、「補助金を出して、あれをつくれ、これをつくれとはいわない。あくまで、自らのリスクで地域の潜在力を活用する運動であり、行政はその研究開発やマーケティングなどのバックアップに徹する」

　③では、「一村一品運動は単なるモノづくり運動ではない。モノづくりを通して、グローバルに考え、ローカルに行動する人材を育てることに狙いを置く。先見性のある 地域リーダーがいなければ一村一品運動は成功しない。何事にもチャレンジできる意識改革を行い、創造力に富んだ人づくりが重要なのだ」[4]。

　平松はここで、1951年に農林省が打ち出した生活改善の推進方策として濃密指導方式を採用したと考えられる。濃密指導方式とは、「意欲のあるところを重点的に指導し、そこに農村生活改善グループを育成して普及活動の拠点」とする方法であった。

【図表7　OVOP の背景と理念】

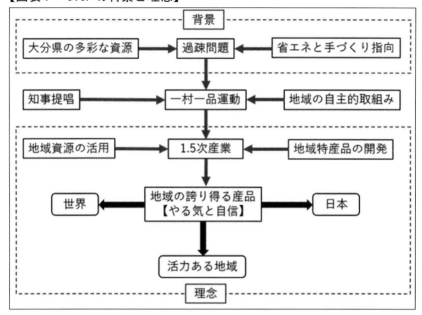

(出典:(社) 大分県地域経済情報センター (1982)「大分県の「一村一品運動」と地域産業政策」
p42 図を基に著者作成)

　次に一村一品運動では以下の政策が特徴として挙げられる。

・一村一品運動における特産物で当時、意識されたのが「1.5 次産業」であ
　る。一次産品を加工して、付加価値を生むことで、地域特性を出すこと
　と地域の雇用を拡大することが目指されたのである。現在の「6 次産業」
　と重なる部分が考えられる。

・一村一品運動は組織体制においても特徴的であった。大分県全体を挙げて
　推進するということで、特定の部局が中心になったわけではない。つまり、
　施策執行側の大分県には「一村一品課」のような担当課は存在しなかった。
　あくまで、農産物は農政部、クラフトや物産、観光については商工労働
　部というように割り当てたのである。ただし、「縦割り」となって指揮命
　令系統に不備がおきないように、官房系である「企画総室」に一村一品
　運動の施策全体の調整の役割を担わせたのである。

4　OVOPの成果

　一村一品運動は、平松が大分県知事を勤めた 1979 年から 2003 年まで
の 24 年間続いたと捉えることができる[5]。その成果については、どの時点
で評価するかで見解が分かれるところはあるが、「一村一品運動 20 年の記
録」をみると、運動が軌道に乗った以降は毎年約 300 もの特産品を指定し、
1999 年度には 1,416 億円もの販売額をあげるに至っている（図表8参照）[6]。

【図表8　大分県の OVOP 一覧】

地方自治体[7]		産品
大分市	旧・大分市	ニラ、イチゴ、ミツバ、パセリ、しそ（大葉）、イチジク、ユズ、ビワ
	旧・佐賀関町	甘夏、キウイフルーツ、ポンカン、関アジ、関サバ
	旧・野津原町	イチゴ、ニラ、豊後牛、生シイタケ、豊の七瀬柿、乳製品、アスパラガス
別府市		別府竹細工、つげ細工、湯の花、ザボン漬、花き
中津市	旧・中津市	ハクサイ、ブロッコリー、大分味一ネギ、梨、蛤シルコ、巻柿、カボス麺、ハモ料理、丸ボウロ
	旧・三光村	ややま味噌、イチゴ、大分味一ネギ、三光桃、三光パン、トルコギキョウ
	旧・本耶馬渓町	耶馬渓茶、夏秋きゅうり、生しいたけ、いちご、にら、そば加工品
	旧・耶馬渓町	牛乳、耶馬渓茶、トルコギキョウ
	旧・山国町	夏秋きゅうり、豊後牛、木工品、梨、かずら工芸品
日田市	旧・日田市	木工芸品、小鹿田焼、下駄、漆器、梨、スイカ、ハクサイ、豊後牛、牛乳、木炭・木酢液
	旧・前津江村	豊後牛、ワサビ、生シイタケ、ミニトマト
	旧・中津江村	茶、タケノコ、ワサビ、角ログ、コンニャク、わさび加工品
	旧・上津江村	ログハウス、夏秋きゅうり、生しいたけ、わさび、豆腐、こんにゃく
	旧・大山町	梅、スモモ、キノコ、クレソン、ハーブ、梅干し
	旧・天瀬町	生しいたけ、ミョウガ、セリ、手造りかりんとう、バラ、アルストロメリア、こんにゃく、こんにゃくそば
佐伯市	旧・佐伯市	イチゴ、いりこ・ちりめんじゃこ、真珠、バラ、豊の活ブリ、ポンカン、ニラ
	旧・上浦町	宮内伊予柑、タクタク料理、あわび・サザエ
	旧・弥生町	菊、焼アユ、しいたけ、カボス、いちご、ハウスみかん、ニラ
	旧・本匠村	しいたけ、茶、やきアユ、麦焼酎、竈地栽菊、いんび茶（缶入り）、雷ノ子寿司
	旧・宇目町	しいたけ（乾）、栗、茶、ほおずき、なす、スイートピー、ししラーメン
	旧・直川村	いちご、陸地味噌、手造りジャム、かりんとう、村のアイス、焼酎「むぎゅ」
	旧・鶴見町	干魚、活魚、マリンレモン、鯛波夢（ハム）、豊の活ぶり、鶴見の磯塩
	旧・米水津村	サンクイーン、丸干し、豊の活ぶり
	旧・蒲江町	干魚、緋扇貝、真珠、豊の活ぶり、ひらめ、豚、電照菊、トコブシ、いちご、ハウスみかん、ハウスびわ、アスパラガス
臼杵市	旧・臼杵市	カボス、真珠、ハモの皮巻き、冬春トマト、系統造成臼杵豚、豊後牛、うすき健康タマゴ新鮮くん、卵黄油、臼杵せんべい、臼杵ふぐ
	旧・野津町	吉四六ピーマン、レイシ、メロン、かんしょ、豚、葉たばこ、にら、天上焼

津久見市	サンクイーン、清見、ソウリンひらめ、ヤマジノギク、マグロ、トルコギキョウ、津アジ・津サバ	

竹田市	旧・竹田市	カボス、サフラン、豊後牛、グリーンラブレタス、スイートコーン、シイタケ、ワレモコウ
	旧・荻町	トマト、スイートコーン、花き、ピーマン、イチゴ
	旧・久住町	夏秋トマト、花き（リンドウ）、久住高原味噌、豊後牛、しいたけ、生ハム
	旧・直入町	ほうれん草、しいたけ、ワカサギ、豊後牛、直輸入直入ラベルドイツワイン

豊後高田市	旧・豊後高田市	白ネギ、スイカ、高田魚市場の地魚あげ、豊後牛、蜂蜜、高田風味
	旧・真玉町	白ネギ、ネットメロン、すいか、生しいたけ、真玉漬、赤貝
	旧・香々地町	いよかん、豚、生しいたけ、烏骨鶏、ギンナン

杵築市	旧・杵築市	ハウスみかん、ハウスアンコール、きつき茶、豊後牛、イチゴ、豊後別府湾ちりめん、花木
	旧・大田村	豊後牛、ヨモギ茶、スモモ
	旧・山香町	夏秋きゅうり、豊後牛、新鉄砲ゆり、いちご、牛乳、ユズ加工品、ホオズキ

宇佐市	旧・宇佐市	玉ネギ、きゅうり、いちご、豊後牛、巨峰、むぎ焼酎、ハトムギ焼酎、ワイン、メロン、そうめん、大分味一ネギ、白ネギ、味噌、冷麦
	旧・院内町	ゆず、ゆず加工品、いちご、ハイブリッドスターチス、アルストロメリア
	旧・安心院町	ブドウ、スッポン、スッポン加工品、農協しょうゆ、アルストロメリア、ワイン

豊後大野市	旧・三重町	かんしょ、アスパラガス、カボス、しいたけ、美ナス、豊後牛
	旧・清川村	クリーンピーチ、御嶽まむし、豊後牛、菊
	旧・緒方町	さといも、カボス、豊後牛、かほりごぼう
	旧・朝地町	豊後朝地牛、しいたけ、ピーマン
	旧・大野町	かんしょ、ピーマン、豊後牛、スイートピー、さといも、エボシ味噌、養老メン、竹炭
	旧・千歳村	ハトムギ、千歳茶、豊後牛
	旧・犬飼町	かんしょ、豊後牛

由布市	旧・挾間町	いちご、香りむらさき（ナス）
	旧・庄内町	豊後牛、梨、いちご、シイタケ、ニラ、夏秋トマト、名水
	旧・湯布院町	豊後牛、ホウレンソウ

国東市	旧・国見町	ネットメロン、冷凍加工野菜、温州みかん、車えび、有精卵黄油、イチゴ
	旧・国東町	キウイフルーツ、いちご、花き、くにさき銀たち、清酒西の関
	旧・武蔵町	武蔵ネギ、むさし干魚、むさし揚げ、天狗ネギ
	旧・安岐町	ミニトマト

東国東郡姫島村	姫島車えび、姫島かれい	

速見郡日出町	城下かれい、白イボきゅうり、紅八朔オレンジ、ハウスみかん、大分麦焼酎二階堂、豊後別府湾ちりめん	

玖珠郡九重町	生しいたけ、キャベツ、トマト、梨、豊後牛、花木	

玖珠郡玖珠町	豊後牛、吉四六漬、乾しいたけ、生しいたけ、バラ	

【図表9　OVOP 特産品の販売額及び品目数の推移】

			1980年度	1985年度	1990年度	1996年度	1997年度	1998年度	1999年度
販売額（百万円）			35,863	73,359	117,745	130,827	137,270	136,288	141,602
品目数（品目）			143	247	272	295	306	312	319
規模別品目数	1億円未満		74	148	136	169	170	173	187
	1億円以上		69	99	136	126	136	139	132
	内訳	1～3億円	34	53	68	60	68	79	70
		3～5億円	16	14	21	31	30	24	28
		5～10億円	15	17	27	20	21	18	15
		10億円以上	4	15	20	15	17	18	19

【図表 10　1999 年度 OVOP における主な特産品（販売額 10 億円以上）】

地方自治体	品目	地方自治体	品目
豊後高田市	白ネギ	米水津村	丸干し、豊の活ぶり
国見市	冷凍加工野菜	蒲江町	ひらめ、豊の活ぶり
別府市	竹細工	野津町	葉たばこ
杵築市	ハウスみかん	日田市	梨、牛乳
日出町	大分麦焼酎二階堂	大山町	キノコ
大分市	大葉	耶馬渓町	ブレーカ
佐伯市	豊の活ぶり	宇佐市	むぎ焼酎いいちこ
鶴見町	活魚		

（出典：図表 8 は大森（2001）「一村一品運動 20 年の記録」大分県一村一品 21 推進協議会を
基に著者作成）

（出典：図表 9 と図表 10 は、平松守彦（2006）「地方自立への政策と戦略」東洋経済新報社
P.62 表を基に著者作成）

5　OVOP の広がり

　この運動は、日本国内の他の地域や、国際協力機構の青年海外協力隊な
どを通じて、中華人民共和国・タイ王国・ベトナム・カンボジアのような海
外にも広がりを見せている。日本国政府も途上国協力の方策として、途上国
における一村一品運動を支援している。

　特にタイでは、タクシン・チナワットが首相のときに一村一製品運動と
して政策を行なった。その他、大分県に近い熊本県の小国町・南小国町など
でも、独自にこれに近い運動を行って成果をあげている。そして現在では、
30 ヵ国以上で OVOP が国家政策として導入されている。

6　OVOP に続くもの

　2 代 40 年にわたって通産出身知事が続く大分県では、「一村一品運動」「先
端産業の集積」など政策の継続性・一貫性が、県産業に独自の強みを与えて
きた。通産官僚時代に黎明期の日本のコンピュータ産業の育成に携わった平
松・前知事は、知事就任後、先端産業を中心とした企業誘致・産業集積推進

をおこなった。続く広瀬勝貞・現知事は、先端産業の集積を拡大するとともに、それをベースに、現在では、IoTやドローン産業の振興などを中心とする「大分県版第4次産業革命OITA4.0」を展開中である[8]。

　具体的には、県外ITベンチャー企業と連携した1次産業（県が誇るブリや車海老の養殖など）へのAIやIoTの導入や、訪日外国人観光客が増え続ける県内旅館・飲食店への「QRコードを活用した多言語翻訳プロジェクト」など、すでに31件ものプロジェクトを推進している。またOITA4.0では、1次産業の就業者の高齢化や人材不足などに関して、OITA4.0の成果活用を通じ問題の軽減を図ろうとしているところが特徴と言える。

7　まとめ

　首都圏一極集中が進む日本において、地方圏は人口減少を契機に、「人口減少が地域経済の縮小を呼び、地域経済の縮小が 人口減少を加速させる」という負のスパイラルに陥っているといえる。そのために日本政府は、人口減少と地域経済縮小の克服のために、地方創生の政策目標や施策の基本的方向、具体的な施策をまとめている[9]。

　地域の創生という観点から見る限り、大分県ほど長期にわたって継続性・一貫性のある施策を推進してきた都道府県は稀有である。その最たるものが「一村一品運動」である。第2次安倍内閣の「地方創生」（2014〜）に先立つこと35年。県内各地の過疎化・活力低下への対策として、地域の特性を活かしつつグローバルに通用する地場産業を興して地域の振興を図ろうと、1979年に平松守彦知事が県内全域で開始した政策であった。

　その結果、関アジ、関サバ、シイタケ（冬菇など）、カボス、豊後牛、大分麦焼酎をはじめ、全国に通用する数多くの特産品が創出され、その品目数は今や336。1次産品を主体にしつつも加工食品や伝統工芸品なども含み、生産総額は1400億円に達することになった。この40年間の蓄積が大分県の産業に強靭さをもたらしたことは疑う余地がない。

　その一方で、就業者の高齢化や後継者不足に関しては、他都道府県と同様の厳しい状況にあり、次世代への承継と地域の振興に暗い影を落として

いることも見逃してはならない。しかし、それを克服し得るカギも一村一品運動の理念と政策の中に「人づくり・地域づくり」があることから、続く OITA4.0 では、1 次産業の就業者の高齢化や人材不足などに関して、OITA4.0 の成果活用を通じ問題の軽減を図ろうとしていることが確認できた。

参考文献

・平松守彦（1990）「地方からの発想」岩波新書
・八幡和夫「47 都道府県うんちく事典」PHP 研究所
・松井和久、山神進編（2006）「一村一品運動と開発途上国 —日本の地域振興はどう伝えられたか—」ジェトロ・アジア経済研究所
・大森彌監修（2001）「一村一品運動 20 年の記録」大分県一村一品 21 推進協議会
・平松守彦（2006）「地方自立への政策と戦略」東洋経済新報社

引用

1　平松守彦（1990）「地方からの発想」岩波新書

2　八幡和夫「47 都道府県うんちく事典」PHP 研究所、p 137-138

3　(社) 大分県地域経済情報センター（1982）「大分県の『一村一品運動』と地域産業政策」

4　上掲書 1.

5　平松のあとを受けて知事に就任した広瀬勝貞知事は、一村一品運動の一定の成果は認めながらも、多品種少量生産に偏り市場の需要に応えられなかったことや、同じ品目を複数自治体が掲げてブランドが乱立したことで、「農業全体としては競争力低下を招いた」（県幹部）との反省を基に、「集落営農業」を柱に一村一品運動の更なる改新を進めた。

6　大森彌監修（2001）「一村一品運動 20 年の記録」大分県一村一品 21 推進協議会

7　1995 年の地方分権一括法による合併特例法の改正により 1999 年から 2006 年までに市町村数が 3,232 から 1,821 に減少した「平成の大合併」を基準としている。

8　大分産業活力創造戦略 2018

9　2015 年度を初年度とする 5 か年の政策目標や施策の基本的方向性と具体的政策の提

OVOPブランディングにおける法務

　農産物商品のブランディングを成功させるためには、ブランドを守ること
にも注意を払わなければならない。なぜなら、時間と費用をかけて育て上げ
たブランドをいとも簡単に他人に使用されてしまい、ブランド価値が失われ
てしまう恐れがあるからである。
　本章では、一村一品運動における農産物のブランド価値を守るための方法
として、商標法や地理的表示、種苗法といった制度について、その内容と効
用について概観することで、一村一品運動における法務チェックの必要性を
考察する。
キーワード：ブランディング、商標法、地理的表示（GI法）、種苗法

1　はじめに

　1979年に大分県で開始された一村一品運動（以下OVOP = One Village
One Product）では、多くの農産物商品が開発された。しかしこの運動では、
同じ農産物商品を複数自治体が品目として掲げてブランドが乱立したこと
で、農業全体としては競争力の低下を招いたとの批判もある。

　農産物等に商品名を付けたとしても、その商品名を他人に自由に使用され
てしまってはブランディングを成功させることはできない。築き上げたブラ
ンド価値をタダで利用されてしまうこともあるし、低品質の商品を販売され
ることでブランド価値が下がってしまうこともあるからである。

　このようなことを避けるためには、商品名を他人に使用されないようにし
なければならないが、そのために制度化された法律が商標法である。

また地理的表示（以下 GI = Geographical Indication）では、農林水産物・食品等の名称において、その名称から当該産品の産地を特定できることを目的に制度化された。

　この制度によって、農産品の品質等の確立した特性が、当該産地と結びついていることを特定できる名称の表示を「GI」として登録することができることになった。登録された地理的表示産品には、GI マークを付けることができ、真正な地理的表示産品であることを証することができる。

　そして、品種を財産権として保護する種苗法といった法律もある。ブランディングをする際には多面的に法的な保護を受けることができように検討することが重要である。

　本章では、商標法、地理的表示（GI 法）、種苗法といった農産物商品のブランディングを保護するための制度を考察することによって、OVOP における法務チェックシートを作成することを目的とする。

2　日本の商標法

　日本における現在の商標法は、商標の使用をする者に独占的な使用権（商標権）を与えることにより、業務上の信用の維持を図って産業の発達に寄与するとともに、需要者の利益を保護することを目的として 1959 年に施行された[1]。これより世界経済のグローバル化の流れの中で順次改正が行われている。

　1994 年、世界貿易機関設立によるマラケシュ協定の一部を成す知的財産に関する条約が締結された。

　そして、1994 年に作成された知的所有権の貿易関連の側面に関する協定[2]（TRIPs = Agreement on Trade-Related Aspects of Intellectual Property Rights）に対応するために商標法も改正が行われた。1996 年には、同年に発効された商標法条約[3]（TLT = Trademark Law Treaty）加入[4]のために改正が行われている。

　1999 年にはマドリッド協定議定書[5]加入のための規定の新設のために改正が行われている。

【図表 11　日本における商標法改正の流れ】

改正年	改正条文		該当法令
1994	ぶどう酒及び蒸留酒の産地を表示する商標の不登録事由		第4条
	WTO加盟国の紋章及び印章等の不登録事由		
	冒用した商標の拒絶		第15条
1996	商標法条約に対応した工業所有権法の改正	一出願多区分制の導入	第6条
		願書・申請書の記載事項の簡略化	第5条
		更新出願制度の廃止	第19条
		商標権の回復の導入	第21～22条
		代理に関する手続の簡素化	第8～9条
		出願日の認定	第5条の2
		商標権の分割の許容	第24条
		商標出願の分割時期の制限	第10条
	不使用商標対策	不使用取消審判制度の改善	第50条等
		登録料の分割納付の導入	第41条の2等
		連合商標制度の廃止	旧第7条削除等
	早期権利付与の確保	異議制度の付与後への移行	第16条の4等削除、第43条の2等
		先願未登録商標に基づく拒絶理由通知	第15条の3
		登録商標の使用と認める範囲の拡大	第50条等
		標準文字制度の導入	第5条
	著名商標等の保護		第4条等
	立体商標制度の導入		第2条4項等
	団体商標制度の導入		第7条等
	商標権侵害に係る法人重課		第82条
	登録料等の現金納付制度の導入		第40条等
	指定商品の書換制度の導入		商標法附則第2～4条
1998	商標登録証等の交付		第71条の2
1999	出願公開制度の新設		第12条の2
	商標登録前の金銭的請求権の新設		第13の2
	マドリッド協定議定書加盟のための規定の新設	審査期間の法定化	第16条
		国際登録出願のための規定の新設	第68条の2～第68条の8
		日本以外の締約国が日本で国際登録による保護を受けるための規定の新設	第68条の9～第68条の31
		議定書による保護が失われた場合の日本での保護についての規定の新設	第68条の32～第68条の39
2002	商標の使用行為の明確化		第2条3項
	国際商標登録出願における個別手数料の分割納付等の改正		
2005	地域団体商標制度を導入		第7条の2
2006	小売業、卸売業について使用される商標の保護を開始		第2条
	商標の使用の定義の拡大		
	団体商標の主体拡大		第7条

2008	拒絶査定不服審査期間の伸長		第44条1項
	出願料・登録料の値下げ		
2014	音、ホログラム、動き、輪郭のない色彩、位置についての商標の導入	音商標登録	2015年4月1日より出願受付を開始
		ホログラム商標	
		動き商標	
		色彩のみからなる商標	
		位置商標	
2015	登録料の引き下げ(約25%)		
	救済措置の拡大		

(出典:特許庁 H.P.「商標制度の沿革」を参考に著者作成)

https://www.jpo.go.jp/system/trademark/gaiyo/seidogaiyo/chizai08.html

3 ブランディングにおける商品名の重要性

　スーパーマーケットで果物売場や野菜売場、精肉売場を見てみると、単に「リンゴ」や「じゃがいも」、「しいたけ」、「牛肉」といった表示だけではなく、「●●リンゴ」や「○○じゃがいも」、「△△しいたけ」、「☆☆牛」といった商品名が付いた商品が数多く売られている。

　OVOP は、その地域の特産物として、このような商品名が付けられた農産物・畜産物を商品化するビジネスといえる。そもそも一村一品とは、その村の農産物等のブランディングを行い、商品に特別な名称を付けたものと言い換えられる。

　ブランディングでは商品名を付けることにより、他の同種の商品との違いを明らかにすることができるようになる。ブランディングのためには、他の商品との違いを消費者に理解してもらうことが重要なので、商品名はこの違いを示す重要なポイントになる。

3-1. 商標とは

　商標とは、「事業者が、自己(自社)の取り扱う商品・サービスを他人(他社)のものと区別するために使用するマーク(識別標識)」である。商品名だけでなく、ロゴマークやマスコットも商標として保護の対象になる。そして、2015 年からは、音楽や音声、動きのあるものなども商標として保護されるようになった(図表 12 参照)。

【図表 12　新たに商標の登録ができるタイプ】

動き商標	文字や図形等が時間の経過に伴って変化する商標 （例えば、テレビやコンピューター画面等に映し出される変化する文字や図形など）
ホログラム商標	文字や図形等がホログラフィーその他の方法により変化する商標 （見る角度によって変化して見える文字や図形など）
色彩のみからなる商標	単色又は複数の色彩の組合せのみからなる商標（これまでの図形等と色彩が結合したものではない商標） （例えば、商品の包装紙や広告用の看板に使用される色彩など）
音商標	音楽、音声、自然音等からなる商標であり、聴覚で認識される商標 （例えば、CMなどに使われるサウンドロゴやパソコンの起動音など）
位置商標	文字や図形等の標章を商品等に付す位置が特定される商標

（出典：特許庁 H.P.「新しいタイプの商標の保護制度」を参考に著者作成）
https://www.jpo.go.jp/system/trademark/gaiyo/seidogaiyo/chizai08.html

　商標権は、単にマークだけでそのまま権利として認めているものではなく、マークと商品やサービスを組み合わせて権利として認められている。そのため、マークを商標登録する際には、特定の商品やサービス（"加工野菜"や"加工果物"など）を指定する必要がある。
　そして、商標は特許庁に出願して、登録を認められて、手続を完了することで商標権を主張できることになる。

3-2.　商標登録の手続
　日本で商標登録を受けるためには、特許庁に商標登録出願をする必要がある。特許庁では、商標登録出願された商標について、登録の可否を審査が行われるが、次のような商標は登録することができない。
①自己の商品・役務と、他人の商品・役務とを区別することができないもの
②公益に反する商標
③他人の商標と紛らわしい商標

　①は、単に"リンゴ"という名称では他人の商品と区別できないので、このような普通名称や慣用された名称などは登録することができない。②は卑わいな商標であったり、差別的や不快な印象を与えたりする商標などは登録できない。③は、既に他人が登録している商標と同じ場合だけでなく、他人の商標と類似していて紛らわしいものについても登録することはできない。

登録が認められて登録料を納付すると、商標登録原簿にその商標が登録され、商標権が発生することになる。

3-3. 商標登録の効果と期間

商標権が発生すると、その商標について指定された商品・役務に関して、商標権者は独占して商標を使用することができるようになる。したがって、他人が無断で商標を使用した場合、使用を中止させるために差止請求をすることや、無断使用によって被った損害の賠償を求めたりすることができる。商標権は登録から 10 年間で終了するが、更新の手続をすることでさらに 10 年間存続する（その後も更新し続けることが可能）。

3-4. 地域団体商標

OVOP の理念には、特産品ビジネスを通しての人づくり、地域づくりがある。そして、特色ある地域づくりの一環として、地域の特産品等を他の地域のものと差別化を図るための地域ブランドづくりが行われてきた。このような地域ブランド化の取組みでは、地域の特産品にその産地の地域名を付す等、地域名と商品（サービス）名からなる商標が用いられた。

しかしながら、従来の商標法では、このような地域名と商品（サービス）名からなる商標は、商標としての識別力を有しない、特定の者の独占になじまない等の理由により、図形と組み合わされた場合や全国的な知名度を獲得した場合を除き、商標登録を受けることはできなかった。

このような地域名と商品（サービス）名からなる商標が、地域ブランド育成の早い段階で商標登録を受けられるようにするため、2005 年の通常国会で「商標法の一部を改正する法律」が成立し、2006 年 4 月 1 日に同法が施行され、地域団体商標制度がスタートした。

農産物は気候や土壌などの環境によって品質や特性が大きく異なることから、農産物にとって産地は重要なファクターの 1 つになる。実際に消費者は同じ野菜や果物であっても、どこで生産されたものかで選ぶことも少なくない。

このように、農産物にとっては地域名と商品名を組み合わせた商標は価値のあるブランドとなり得るものでありながら、従来の商標法では、単に地

域名と商品名を組み合わせた商標は、他人の商品と区別することができないといった理由から、商標登録が認められていなかった。

そこで2005年の商標法改正（2006年施行）により、地域団体商標制度が創設された。地域団体商標の登録には、主に次の要件を満たす必要がある。

①登録しようとする商標が「地域名」＋「商品名」と文字でできていること
②出願者が（A）地域の事業協同組合、農業協同組合等の組合、（B）商工会、商工会議所、（C）特定非営利活動法人（NPO法人）のいずれかであること
③登録しようとする商標が登録しようとする団体及びそのメンバーが使用する商標として需要者の間で広く知られていること

地域団体商標として登録されれば、無断で商標を使用する者に差止請求や損害賠償請求が可能になり、地域ブランドを守ることができるようになる。

また、商標権の特徴から言えることは、商標登録しないまま、商品やサービスの目印として長年使ってきたネーミングやロゴであったとしても、商標権が認められない場合があるということである。

4　日本の地理的表示（GI）

農産物にとって産地は消費者が重視するポイントの1つであるが、それは産地と品質・特性が結びついていると消費者が考えているためである。例えば、"夕張メロン"と聞くと、夕張で採れたメロンというだけではなく、甘く香りのよい、オレンジ色のメロンを消費者は思い浮かべることができる。

このように産地と品質・特性が結びついて消費者に訴えかけることができることから、OVOPにおける生産者は、産地としての村の名前と野菜や果物の名前を組み合わせた名称を使用し、ブランドとして確立してきた。

産地と商品名を組み合わせた名称はこれまでも重要なものとして使用されていたが、商標法では単に産地のみを表示する商標を登録することは認められていなかったため、地域名を商標に加えることができるように地域団体商標の制度がつくられたことになる。しかし、地域団体商標制度はあくまでも商標法の保護を受けられるだけであり、さらに進んで国が農産物等のブランドを地域の共有財産として保護する制度の創設が求められるようになった。

そこで、産地と品質の結びつきについて国がお墨付きを与え、地域が長年の努力によって育て上げたブランドをより強力に保護するための制度がつくられた。それが、地理的表示（GI）制度であり、2015年に特定農林水産物等の名称の保護に関する法律（GI法）が施行された。

4-1. 地理的表示の登録手続

　地理的表示の登録手続は次のとおりである。
①生産・加工業者の団体が申請書と添付書類を提出することにより申請
②農林水産大臣が審査し、地理的表示と団体、品質基準を登録
　①は生産・加工業者自身が登録申請をすることはできず、団体による申請でなければならない。また、添付書類には、品質基準を定めた明細書や品質管理業務について定めた生産工程管理業務規程などが含まれる。
　②は申請受付後、3ヶ月間の第三者からの意見聴取期間が設けられ、その後に学識経験者の意見聴取を経て、農林水産大臣による審査が行われる。登録が認められると、農水省のホームページ（http://www.maff.go.jp/j/shokusan/gi_act/notice/index_r.html）で公示されることになる。

4-2. 品質管理

　生産・加工業者団体は、生産工程管理業務規程にしたがって、団体のメンバーである生産・加工業者が明細書に記載された品質基準に適合した生産を行うように指導や検査を行うことになる。そして、生産工程管理業務が適切に行われているか、農林水産大臣のチェックが行われる。そのため、年1回以上、事業者は農林水産大臣に実績報告書を提出することになる。

4-3. 地理的表示登録の効果と期間

　地理的表示の不正使用（基準を満たしていない商品に地理的表示を付けている場合や登録団体のメンバーではない者が地理的表示を付けて販売している場合）が行われていることを知った者が農林水産大臣に通報すると、農林水産大臣は、調査の結果、不正使用が認められれば地理的表示やこれに類する表示の除去または抹消を命じることになる。また、輸入業者によって輸

入された不正品については、譲り渡しを禁止することになる。

　なお、この命令に従わない場合には、不正使用をしている者に対して罰則が科されることがある。

　地理的表示と商標権の大きな違いの1つが、地理的表示は不正使用に対して国が取り締まりを行う点である（地域団体商標を含めて商標権の場合には、商標権者自身が不正行為を差し止めるなどの対応を取る必要がある）。また地理的表示は商標権と異なり、有効期間がないことから更新手続は必要ない。

4-4. 地理的表示と地域団体商標

　地理的表示と地域団体商標は地域ブランドを保護するという目的は同じであるが、地域団体商標はあくまでも商標権（出所表示）として保護するものであるのに対し、地理的表示は、産地と品質・特性を直接結びつけている点が大きな違いといえる。そして、地理的表示は不正使用に対して国が取り締まりを行うことになる点も重要である。

　事業者は、地理的表示と地域団体商標の双方の登録もできるので、それぞれのメリットを踏まえて、一方または両方の登録を検討することになる。

5　日本の種苗法

　種苗法は、植物の新品種の創作に対する保護を定めた法律で1998年5月29日に公布された。植物の新たな品種（花や農産物等）の創作をした者は、その新品種を登録することで、植物の新品種を育成する権利：育成者権（以下 PBR = Plant Breeder's Right）を占有することができる旨が定められている。現在の種苗法は、1991年に改正された植物の新品種の保護に関する国際条約[6]（UPOV = International Convention for the Protection of New Varieties of Plants）を踏まえて、旧種苗法[7]を全部改正したものである。

　PBR における権利の形態は、特許権や実用新案権の仕組みと非常によく似ており、たとえば優先権や専用利用権、通常利用権、先育成による通常利用権、裁定制度、職務育成品種など、多くの共通点を有している。この種苗法における PBR を巡っては、他の知的財産権と同様に、アジアなどにおける海賊版

農産物が大きな問題になっている。たとえば、日本国内で開発された新品種が、中国や韓国等において無断で栽培され、日本に逆輸入される事件があった[8]。このようなことは、農業関係者の長い間の努力にただ乗りする行為であって、日本の付加価値の高い産業の力を弱めることになるため、農林水産省生産局をはじめ、政府各機関では、PBR の侵害対策強化が図られている。

5-1. 品種登録と PBR の付与・保護

　植物の新たな品種に対して与えられる知的財産権（あるいは無体財産権）であるため種苗法には、植物の新たな品種（花や農産物等）の育成をした者は、その新品種を登録することで、登録品種等（登録品種及び当該登録品種と特性により明確に区別されない品種）を業として利用する権利（PBR）を専有する旨が定められている[9]。すなわち、新たに植物品種を育成した者は、国に登録することにより、知的財産権の1つである PBR を得て、登録品種の種苗、収穫物、加工品の販売等を独占できることになる。

【図表 13　育成者の登録】

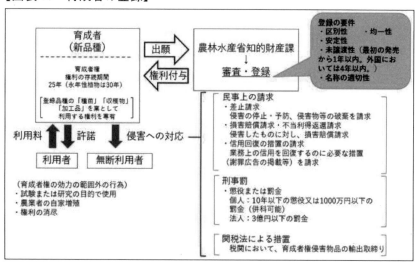

（出典：農林水産省 H.P.「育成者権」図を参考に著者作成

　　https://www.maff.go.jp/j/kanbo/tizai/brand/b_senryaku/pdf/ref_data-2.pdf）

登録の要件では、区別性、均一性、安定性、未譲渡性、名称の適切性など
の特性が要求されている。この要求が満たされると、育成者は PBR の権利
が付与されて、登録された品種を第三者が利用する場合は利用料を請求でき
る。また、無断利用者に対しては権利侵害の対応として、民事上の請求や刑
事罰、関税法における措置を科すことができる。

5-2.　UPOV による国際的な植物新品種の保護の枠組み

　UPOV は 1968 年に発効し、2019 年時点で締約国は全世界で 67 か国（Ｅ
Ｕを含む）に及ぶ。

　UPOV は、新しく育成された植物品種を各国が共通の基本的原則に従って
保護することにより、優れた品種の開発、流通を促進し、もって農業の発展
に寄与することを目的としている。

　このため、UPOV においては、新品種の保護の条件、保護内容、最低限の
保護期間、内国民待遇などの基本的原則を定めているが、91 年に改正され
たため新・旧の条約が併存しており、保護対象・権利の範囲等が異なる。

　図表 14 では、UPOV 新旧条約の加盟国を示しているが、日本での登録品
種の種苗を、その植物を対象とした品種保護制度のない国、たとえば中国に
持ち出す場合には、育成者権者の許諾が必要となる。図表 15 に違反があっ
た事例の一部を示す。

【図表 14　UPOV 新旧条約の主な相違点】

	91年条約(新条約)	78年条約(旧条約)
保護対象植物	全植物(締結後10年間の 猶予)	24種類以上
育成者権の及ぶ範囲	種苗、収穫物	種苗のみ
育成者権の存続期間	登録から20年以上 永年植物は25年以上	登録から15年以上 永年植物は18年以上
東アジアの加盟国と加盟年	日本(1998年) 韓国(2002年) シンガポール(2004年) ベトナム(2006年)	中国(1999年)

（出典：農林水産省 H.P.「育成者権」表を参考に著者作成

　　　https://www.maff.go.jp/j/kanbo/tizai/brand/b_senryaku/pdf/ref_data-2.pdf）

【図表 15　日本の登録品種が外国に持ち出され、逆輸入される侵害の例】

植物名	品種名	権利者	概要
インゲン豆	雪手亡	北海道	中国に種苗が持ち出され、その収穫物が日本に輸入、販売されていたことが、2001年に北海道が輸入品をDNA検査して判明した。北海道からの警告により、輸入業者は中国からの高級白あん原料用インゲン豆の輸入を自粛した。
小豆	きたのおとめ しゅまり	北海道	中国に種苗が持ち出され、その収穫物が日本に輸入されていたことが、2004年に北海道が輸入品をDNA検査して判明した。北海道からの警告により、輸入業者は中国からの日本品種の小豆の輸入を自粛した。

（出典：農林水産省 H.P.「育成者権」表を参考に著者作成

　　　https://www.maff.go.jp/j/kanbo/tizai/brand/b_senryaku/pdf/ref_data-2.pdf）

6　まとめ

　OVOP ビジネスにおいて、農産物のブランディングのためには、農産物の商品名によって他の農産物との違いを消費者に認識させることが必要だが、そのブランドの価値を守るためには法的な保護にも注意を払わなければならない。

　特に、農産物は産地との結びつきが重要なファクターの 1 つになるので、通常の商標権による保護だけではなく、地域ブランドとなっている農産物については、地域団体商標や地理的表示(GI)といった制度の活用は有効である。

　また近年種苗法における PBR を巡っては、他の知的財産権と同様に、非加盟国などにおける海賊版農産物が大きな問題になっている。非加盟国において無断で栽培され、日本に逆輸入される事件が確認されているため輸入品の DNA 検査が必要になる場合がある。特に東アジアでは、植物品種保護制度の未整備な国がおおいために注意が必要である。

　OVOP のブランディングでは、商標法による商標登録、GI 法の登録、育苗法の育成者権の登録等様々な保護制度の活用が必要であるが、登録済みであるためにそれで安心ではなく、マーケットのグローバル化によるリーガルチェックを継続する必要があるが明らかになった。

引用

1　1959 年 4 月 13 日法律第 127 号

2　1980 年代以降、知的財産を伴う商品やサービスの国際的取引が増加した。その一方で、

偽ブランド商品や海賊版 CD 等の流通が広まり、国際貿易に大きな損害を及ぼすようになり、知的財産権の保護の強化が必要とされるに至った。

3　1994 年 10 月 27 日にジュネーヴで作成された。

4　日本は 1997 年 1 月 1 日にこの条約に加入し、1997 年 4 月 1 日に日本において効力が発生している。

5　標章の国際登録に関するマドリッド協定の議定書（Protocol Relating to the Madrid Agreement Concerning the International Registration of Marks、略称：マドリッド協定議定書）は、1989 年に作成され、1995 年 12 月に発効した商標の国際登録について定める国際条約である。標章の国際登録に関するマドリッド協定（マドリッド協定）の議定書という形式を取っているが、マドリッド協定とは独立した条約である。

6　UPOV は本条約を管理する植物新品種保護国際同盟の仏語略称。

7　農産種苗法 1947 年法律第 115 号

8　農林水産省 H.P.「育成権者」では、北海道が育成したインゲン豆「雪手亡」や、栃木県が育成したいちご「とちおとめ」などの事例が報告されている。https://www.maff.go.jp/j/kanbo/tizai/brand/b_senryaku/pdf/ref_data-2.pdf

9　種苗法第 20 条第 1 項

第3章

OVOPビジネスにおける
デジタルマーケティングの活用
〜OVOPからOITA4.0

【要旨】

　大分県で 1979 年から平松知事によって 2003 年まで主導された OVOP は、続く広瀬知事により 2019 年まで「大分県版第 4 次産業革命 OITA4.0」としてあらたな展開が行われた。そこでは「大分県 IoT 推進ラボ」という認定制

度を立ち上げ、県内企業が参画する IoT 等のプロジェクトや、製品、サービスを認定することにより、IoT 等の活用に積極的に挑戦する県内企業の支援が行われている。

　本章では、OVOP ビジネスのあらたなツールとしてデジタルマーケティングの活用を考察した。その結果、OVOP ビジネスにおけるデジタルマーケティングの活用においては、ビジネスの発展だけではなく、ビジネスを支える人づくりと地域づくりの枠組みも取り入れる必要があることが明らかになった。
キーワード：地方創生、OITA4.0、デジタルマーケティング

1　はじめに

　大分県では、1979 年から知事任期 6 期 24 年、当時の平松知事によって 2003 年まで主導された一村一品運動（OVOP ＝以下 One Village One Product Movement）は過疎に悩む地域に活力をもたらした。平松知事は知事就任前の通産官僚時代に、黎明期の日本のコンピュータ産業の育成に携わったことから、この地域に先端産業の集積も同時に進めた[1]。

　平松知事の後を受けて 2003 年に就任した広瀬知事は 2019 年までの 4 期 16 年、先端産業の集積を拡大するとともに、それをベースに、IoT やドローン産業の振興などを中心とする「大分県版第 4 次産業革命 OITA4.0」を展開した。

　OVOP から OITA4.0 の展開では、OVOP ビジネスが県外の IT ベンチャー企業と連携して AI や IoT の導入などを行っている。

　本章では、OVOP ビジネスの新しい展開として、AI や IoT を導入したデジタルマーケティングについて現状での取り組み等の調査を行い、その発展についての課題と展望を明らかにすることを目的とする。

2　OVOP40 年の蓄積

　地域の創生という観点から見る限り、大分県ほど長期にわたって継続性・一貫性のある施策を推進してきた都道府県は稀有である。その代表的なもの

がOVOPである。OVOPは、2014年に第2次安倍内閣が提唱した地方創生[2]に先立つこと35年前に大分県で始まった地域創生事業である。県内各地の過疎化・活力低下への対策として、地域の特性を活かしつつグローバルに通用する地場産業を興して地域の振興を図ろうと、1979年に当時の平松知事が県内全域で開始した政策であった。

そして、過疎地域における人口流失の抑止及び地域の活性化を図るには、産業の振興及び雇用の確保、安定を図ることが重要であるため、若年者のみならず、中高年齢者、女性、障害者等、誰もが意欲と能力に応じていきいきと活躍できるよう、地域の特性に応じたきめ細かな就業対策と就業環境の整備に取り組む必要があった。

また、平松知事が取り組んだOVOPには、その理念と政策を1951年に当時の農林省によって打ち出された農村生活改善の推進方策としての濃密指導方式に起源を求めることができる。

それは、意欲のあるところを重点的に指導し、そこに生活改善グループを育成して普及活動の拠点とする方法であった。生活改善グループは、自発的に任意に農民によってつくられるべきであるとされた。この方針は平松知事が進めた「豊の国づくり塾」に認めることができる。OVOPの意義はこの「地域づくり」、「人づくり」にあると言える。

平松知事が推進したOVOPの成果は、知事が在任した2003年までの24年間を1つの区切りとして評価することができる。その成果としては、関アジ、関サバ、シイタケ（冬菇など）、カボス、豊後牛、大分麦焼酎をはじめ、全国に通用する数多くの地域特産品が創出され、その品目数は今では300品目を超えている。OVOPビジネスの生産額は、1次産品を主体にしつつも加工食品や伝統工芸品なども含み1400億円に達するといわれる。平松知事の後を受けた広瀬知事16年を併せた40年間のOVOPビジネスの蓄積が、大分県の産業に強靭さをもたらしたことは疑う余地がない。

3　OVOPと人づくり・地域づくりの成果

OVOPの成果としては特産品の開発の他、「人づくり」、「地域づくり」の

成果を挙げることができる。代表的なものとして「豊の国づくり塾」がある。

　豊の国づくり塾は、大分県内を 12 の区域に分け、各地域に塾を設けた。研修のテーマはそれぞれの地域が決めていた。この塾は 1983 年に開設され、2003 年までに延べ 1991 名が卒塾している。修了生は、県下各地域のリーダーとして、OVOP による地域づくり活動で活躍しているが、2003 年 10 月からは NPO 法人「豊の国づくり塾生会」が発足している。

　OVOP をきっかけに発足した豊の国づくり塾は、農林水産業の後継者育成をはじめ、商業、観光、健康、福祉、生涯学習、国際交流等幅広い人材育成が行われた。

　たとえば、農業後継者のためには、「21 世紀大分農業塾」、肉用牛生産者のための「豊後牛飼い塾」が開講された。

　中核的な林業経営者育成のためには、「豊後やる木塾」が開講された。

　椎茸生産者育成のためには、「大分しいたけ源兵衛塾」が開講された。

　漁業者のためには、「豊の浜塾」が開講された。

　商業後継者のためには、「豊の国商人塾」が開講された。

　地域経済界のリーダーを育成するためには、「豊の国経営塾」が開講された。

　大分県の主産業でもある観光産業では若手経営者を対象とした「豊の国観交カレッジ」が開講された。

　国際交流の推進では地域の国際化を担うリーダー育成のための「豊の国国際交流カレッジ」が開講された。

　環境問題においては、環境保全活動の実践リーダーを育成する「おおいた環境塾」が開講された。

　情報化対応については IT 化社会に対応できる人材育成を目指した「豊の国 IT 塾」が開講された。地域文化創造のためには、「地域文化道場」が開講された。

　この他、生涯学習のための「大分県ニューライフアカデミア」、ボランティア育成のための「大分県福祉ボランティア大学校」、若手母子家庭の自立を図るための「豊の国しらゆり塾」、OVOP に取り組む女性組織「大分県一村一品女にまかせろ 100 人会」などの分野で塾などが開講され人材育成が行われた。

　図表 16 に主な塾の概要を示す。

塾名	概要	指導者
21世紀大分農業塾	21世紀の大分県農業・農村を担い、新しい知識や感覚を備えたトップリーダーを育成するため、30代を中心とした意欲のある農業者を対象に、2000年5月に開設。	顧問：今村奈良臣（東京大学名誉教授）
豊の国商人塾	新しい時代の地域を担い、明日の日本を担うスケールの大きな商人の精神と技術を培うため、若い企業後継者を対象に、大分県商店街振興組合連合会が1987年9月に開設。	名誉塾長：平松守彦（大分県知事）
豊の国商い未来塾	この塾は、商業人材の底辺拡大と地域の特性に応じた商業づくりを担う将来のリーダーを育成するため、地方振興局単位で商業経営者及び商業後継者を対象に1999年10月に開設。	名誉塾長：平松守彦（大分県知事）
豊の国観交カレッジ	この塾は、大分県観光協会が観光産業の若手経営者等を対象に、21世紀における大分県観光産業を振興するため、観光における新しい付加価値の創出と時代の変革に対応した意識を持つ将来の大分県観光の担い手を育成するため1999年10月に開設。	名誉塾長：平松守彦（大分県知事）
豊の国しらゆり塾	この塾は、母子家庭の自立と連帯を基本理念に1984年度に開設された。その目的は、若年母子家庭の母が自立した家庭を築けることと、母子家庭の母が地域のリーダーとして母子寡婦福祉会の活動に参加することである。	校長：平松守彦（大分県知事）
大分県ニューライフアカデミア	県民が健康で充実した生きがいのある人生を築くためには、生涯にわたって楽しく学び続けるとともに、ふれあいを通して心の通い合う地域づくりに努める必要がある。この様な期待に応えるために、自ら学びながら生涯学習の推進と地域に貢献することを目指して、1983年10月に開設。	学長：平松守彦（大分県知事）
大分県福祉ボランティア大学校	福祉分野におけるボランティア活動を地域において主体的に実践できる人材を育成するために、ボランティア活動を実践している者または今後行いたいと考えている者を対象に1999年10月に開設。	校長：平松守彦（大分県知事）
豊の国国際交流カレッジ	国際人としての知識や感性を身につけ、大分県の国際化を推進する新たな担い手の育成と留学生支援体制の整備を目的に、（財）大分県国際交流センターが、大分県に在住し、大分県の国際交流・協力の施策を理解し積極的に推進する者で、留学生や研修員の受入等、国際協力の指導、助言及び実践活動のできる者を対象に1999年度及び2000年度に開設。	学長：大森彌（前東京大学教養学部長）
地域文化道場	文化を核とした地域づくりを行政と地域住民が一体となって推進するため、地域文化の創造やグレードアップに向けての企画・立案能力や実現方法についてのノウハウの習得研修を行い、一村一文化を支える地域の文化リーダーを養成するため、地域住民、市町村職員等で地域の文化活動に積極的に取組んでいる者を対象に1999年12月に開設。	

（出典：国際一村一品交流協会 H.P. を基に著者作成

　　　　http://www.ovop.jp/jp/ison_p/jissen3.html）

4　OVOP の課題

　OVOP が地域の活性化を推進するその一方で、OVOP の運用方法、事業の継続等について多くの課題も明らかになっている。

　たとえば多品種少量生産に偏ったために市場の需要に応えられなかったことや、地域特産品のブランディングにおいては、同じ品目を複数自治体が掲

げたブランドの乱立で、農業全体の競争力低下を招いたとの批判もあった。

　また、就業者の高齢化や後継者不足に関しては、東京一極集中が進む中、過疎地域を抱える他都道府県と同様の厳しい状況にあり、次世代への承継と地域の振興に暗い影を落としている。大分県は、生産年齢人口割合減少傾向にあり、特に若い世代の福岡県など県外への流出傾向が顕著となっている。

　図表17では次のことが確認できる。2019年の年齢（3区分）別人口では、0〜14歳の年少人口は140,665人、15〜64歳の生産年齢人口は624,455人、65歳以上の老年人口は366,812人である。

　これを前年と比較すると、年少人口は2,093人（1.5%）の減少、生産年齢人口は10,632人（1.7%）の減少、老年人口は3,815人（1.1%）の増加となっている（図表17の年表示は元号表示となっていて、30が2018年に該当する）。

【図表17　大分県の年齢別人口割合の推移】

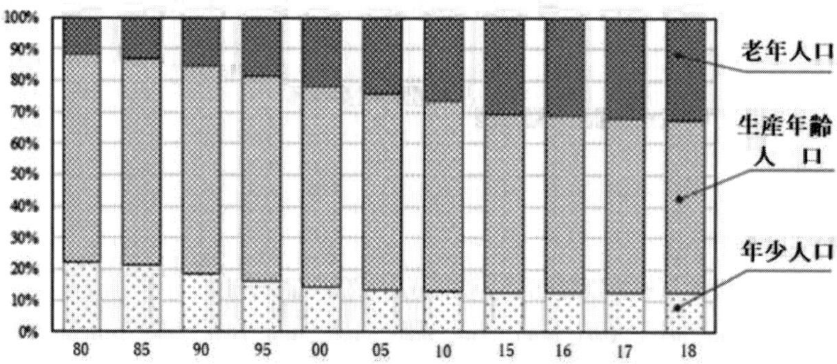

（出典：大分県の人口推計報告平成30年度版（平成29年10月1日〜平成30年9月30日）
p 10 図から転載）

　また本研究の主題でもあるOVOPの展開におけるデジタルマーケティングへの対応という課題がある。

　近年、数々のビジネスが既存顧客や潜在顧客とつながる手段として、検索エンジンやSNS、Eメール、ウェブサイトなどのデジタルチャネルを活用する電子デバイスやインターネットを利用するマーケティングの総称としての

デジタルマーケティングが拡大している。

　OVOP では、特産品ビジネスの拡大はもちろんであるが、ビジネスを支える人づくり、地域づくりを含んだ包括的かつ持続可能な産業課の促進及びイノベーションを図ることが課題として考えられる[3]。

5　デジタルマーケティング

5-1.　IoT と AI

　IoT で様々な物がインターネットに繋がることで、デジタルマーケティングの世界にも大きな影響がある。IoT でできることとして期待されているアイデアは多様である。

　たとえば物がインターネットに繋がることによって、それまで取得することのできなかった多くのデータを集めることが可能になる。そしてセンサなどで取得したデータを活用して、マーケティングに活かすことができる。

　デジタルマーケティングにおいて、顧客の行動データというのは、基本的にはデジタル上で取得できる範囲に限られていた。Google Analytics などを利用して Web サイトにアクセスしたデータを活用してデジタル施策に役立てるといった手法は確立されてきたが、デジタル上の接点のみにしぼられていた。

　しかし、IoT の技術を利用することで、あらゆるフィジカルな情報をデータ化することが可能になる。たとえば、ウェブショップではなく実店舗に訪れる顧客に対して、来店してどのような導線で移動し、何を手に取って、何を買ったかの情報を監視カメラなどでセンシングし、その都度データを貯めていくことが可能になる。

　また、どのような商品を買っていく人なのか、立ち読みで帰ってしまう人なのかといった行動パターンをデータとして蓄積できることになる。この場合、通常監視カメラで録画したものを目視で確認しなくてはならないが、カメラやセンサがインターネットに繋がれば、AI が自動で処理しクラウド上にデータを送られ蓄積される。

　これらで得られたデータをマーケティング調査に役立て、より顧客の行動

の実態に沿った施策を考えることに活用できるとことが期待される。従来、実店舗で取れるデータは、レジで購買に至った人に限定されている場合がほとんどであった。IoT では、監視カメラと AI を組み合わせ、映った人の性別を判断しデータとして貯めることができる。

5-2. DMP（Data Management Platform）と MA（Marketing Automation）

DMP とは、 様々な販売チャネルにおける顧客の行動データを集約して分析することで、顧客の特徴を明らかにし、広告、メール、DM などのマーケティング施策を最適化するシステムやサービスを指す。

MA は、大量の見込み顧客や既存顧客を一元化、自動的に評価し設計したシナリオに基づいて、シナリオを自動実行させ、顧客を個別に育成することで確度の高い商談を創出するシステムやサービスを指している。

近年は、顧客の購買行動が変化している。顧客は商品の購入前に、インターネットでその性能・仕様や口コミなどの情報収集・価格比較などをインターネットで調べるようになり、企業と様々なチャネルを持つようになったため、以前よりも購買のタイミングが遅くなっていると考えられる。

このため、企業は顧客ごとにパーソナライズされたコミュニケーションを行う必要が出てきた。

そこで、パーソナライズされたマーケティングの効率化等を求め、データ主導のマーケティングを行える DMP や MA に対する需要が拡大している。

6　先端産業集積をベースに OITA4.0 推進

大分県が進める OITA4.0 では、IT ベンチャー企業と連携した 1 次産業（OVOP のブリや車海老の養殖など）への AI や IoT の導入の他、訪日外国人観光客が増え続ける県内温泉旅館・飲食店への「QR コードを活用した多言語翻訳プロジェクト」など、すでに数十件のプロジェクトが推進されている（図表 18 参照）。

具体的には大分県が「大分県 IoT 推進ラボ」という認定制度を立ち上げ、県内企業が参画する IoT 等のプロジェクトや、製品、サービスを認定するこ

とにより、IoT 等の活用に積極的に挑戦する県内企業を支援している。

（出典：大分県 H.P.「大分県 IoT 推進ラボ認定一覧」H.P. より著者作成）
https://www.pref.oita.jp/site/sme/heisei29-ninteikekka.html

　大分県 IoT 推進ラボは、2018 年 10 月時点で 8 分野 46 件の認定を行っている。分野別で見ると、農林水産業分野が 11 件で最も多い。これは OVOP ビジネスが OITA4.0 に引き継がれていると考えることもできる。46 件の認定事業の概要を図表 19 に示す。

【図表 19　大分県 IoT 推進ラボ認定プロジェクト一覧（第 5 回認定終了時点）】

No.	申請者 （コンソーシアム代表者）	プロジェクト名	カテゴリー	地域課題・テーマ	プロジェクト概要
1	大分もやし協業組合	もやし製造業における IoT 生産ソリューションの構築	製造業	人手不足に対応する食品製造業の生産管理の最適化・省力化	AI やロボットによるもやしの不良品選別機能や荷造機能の最適化機能を備えた生産管理システムの構築
2	（株）リモート	牛の授精適期判定のためのセンサシステムの開発	農林水産業	畜産経営体の大規模化を可能にする作業従事者の労働負担軽減と生産性の向上	つなぎ飼い方式の牛の発情発見率の向上につながるセンサシステムの開発による管理コストの低減と受胎率向上・子牛生産頭数の増
3	リバティーポートジャパン（株）	トマト出荷予測に向けたセンサ類の開発及び実証プロジェクト	農林水産業	トマト栽培における温度管理負担の軽減と出荷予測による価格交渉力の向上	シンプルなセンサ技術で収集した温度等の環境データ分析による栽培環境管理・出荷時期予測システムの構築

4	(株)オーイーシー	病害虫検索システム	農林水産業	農作物の病害虫対策の迅速化	病害虫に関する報告書類等のデータベース化、及びそのデータベースを活用したチャットボット等データ検索システムの開
5	T・プラン(株)	姫島スマート農業プロジェクト	農林水産業	水利条件不利地域における給水(運搬・散水)、圃場管理等の省力化	湿度等の栽培環境をセンシングし、遠隔で管理するシステム、効率的に給水する給水装置の開発
6	日本文理大学工学部	農業被害対策用IoT検知システム	農林水産業	鳥獣駆除に係る箱ワナ設置管理負担の軽減	ドア開閉センサによる箱ワナ作動状態データの収集とスマートフォンなどへの通知システムによる見回り回数の低減や夜間監視の実現
7	(株)オーイーシー	害獣見える化IoT	農林水産業	鳥獣駆除に要する見回りコストの軽減	ワナに設置したセンサデータの低消費電力長距離無線通信による送信と捕獲データ等の蓄積・分析システムの構築
8	(株)デンケン	地域活性化に貢献するIoTを活用したシェアサイクリングシステムの構築	交通	大分市内の慢性的な交通渋滞の緩和及び広域交通(バス、鉄道等)の利便性向上	ポート(拠点駐輪場)に配置されている自転車を借りて、目的地付近のポートに返却できるシェアサイクリングシステムの構築
9	九州建設コンサルタント(株)	"ちいき・げんき"見える化プロジェクト(みえプロ)	建設・防災	地理情報の有効活用による防災対策、インフラ管理等の効率化	レーザー計測による3次元地理情報、各種センサによる計測データ、自治体保有の基礎データなどをプラットフォーム化(集約・共有)することにより、防災対策工事や、インフラの維持管理業務の効率化に役立つソリューションを提供
10	江藤産業(株)	IoT活用による災害時在宅避難者支援実証事業	建設・防災	災害停電時の自宅電源確保と避難所混雑回避	自立型電源(エネファーム、太陽光発電&蓄電池)のネットワーク化による設置場所と稼働状況(ライフライン)の見える化
11	(株)スズキ	中小物流事業者の在庫管理・発注システム自動化	商業・流通サービス業	物流業における在庫管理、発注業務等のマンパワー依存に起因する作業過多・ミスの削減	ICタグを活用した自動在庫管理・発注システムの構築によるコスト削減
12	(株)アーネット	IoT物流管理プロジェクト	商業・流通サービス業	船舶運送業務を含めた運送業務の効率化	船舶に積み込むシャーシへのGPS機能搭載で得られる位置情報から、物資管理の正確性を高め運送業務全体の効率化
13	モバイルクリエイト(株)	IoT・AIを活用した医療介護支援システムの研究開発	医療・福祉	医療・介護現場の作業負担軽減と高齢者の健康維持、病状悪化の早期把握	検温等記録作業自動化による介護負担の軽減、及びAIを活用したバイタルデータ異常検知システムの基礎的検討
14	(株)エイビス	在宅高齢者、独り暮らし高齢者の増加に伴う、IoT活用による安全・安心プロジェクト	医療・福祉	独り暮らし高齢者等の安全・安心の確保	低消費電力長距離通信による通信ネットワークと見守りデータと電力使用データ、バイタルデータ等を組み合わせた解析・サービス提供システムの構築

15	エスティケイテクノロジー(株)	嚥下（えんげ）機能向上のためのトレーニングアプリ開発プロジェクト	医療・福祉	誤嚥性肺炎の原因となる嚥下障害への対応	嚥下機能の改善につながるトレーニングアプリの開発と機能評価に関する定量的なデータ収集
16	エスティケイテクノロジー(株)	認知症における医療機関と医療介護現場の構渡しプロジェクト	医療・福祉	医療機関と介護現場の連携による認知症治療の推進	認知症医療における医療機関と介護現場の相互連携を可能にするシステム構築
17	(株)スズキ	ビーコン内蔵型ウェアラブルセンサを使用した徘徊行動把握・予測システム	医療・福祉	認知症罹患者の増加に対応する新しい見守り地域ネットワークづくり	省電力のビーコン内蔵型ウェアラブルセンサで位置情報とバイタルデータを収集し、認知症罹患者等の行動管理・体調管理サービスを提供
18	アイプロデュース(株)	施設型介護事業者向けIoTスケジュール管理システム	医療・福祉	施設型介護事業者の労働力不足	センサを活用した入居者情報のリアルタイム把握や、日常業務と介護保険関係報告業務をシームレスにつなぐ業務支援システムの開発
19	(株)ネオマルス	地域に特化した情報プラットフォームの構築	商業・流通サービス業	商業・行政サービスの情報整理	エリアに応じて必要な商業・行政サービス情報を効果的に提供するスマホアプリケーションの開発
20	(株)オーイーシー	作物体分析システム構築による臨床診断データ蓄積のための基盤整備	農林水産業	農作物の品質・農業収益性の確保および農業生産者の減少・人手不足解消	作物そのものの成分データを取り扱う作物体分析システム、および作物が受ける環境ストレスの原因と回避方法を生産者にフィードバックするためのデータ蓄積基盤の構築
21	(株)オルゴ	AIを活用した窓口業務支援ツールの開発	官公庁	様々な業種の窓口業務負担軽減と業務効率化におけるワークライフバランスの改善	窓口業務で利用する膨大な情報群の中からAI活用により必要な情報を的確に絞り込むことができる支援ツールの開発
22	デジタルバンク(株)	QRコードを活用した多言語翻訳プロジェクト	観光	県内を訪れる外国人観光客へのおもてなし向上とおんせん県おおいたの海外への情報発信強化	観光外国人に向けたQRコードによる地域特有言語も翻訳可能な多言語情報提供アプリの開発
23	アジアクエスト(株)	AIを活用した多言語観光コンシェルジュ実証実験プロジェクト	観光	インバウンドに対する観光サポートの充実及び受付・案内業務など観光関連産業における人手不足の解消	訪日外国人からの地域の観光情報等に関する質問に対して多言語で回答するAIスピーカー（観光サポートシステム）の開発
24	ウミトロン(株)	養殖産業でのAI・IoT技術を用いたデータ経営実現プロジェクト	農林水産業	経験と勘に頼るところの大きい養殖産業のデータ化による業務の効率化	現場で取得できるデータ、衛星データ等の利活用による水産養殖の生産効率化、環境変化予測のためのIoTデバイス、AIの開発
25	シェルエレクトロニクス(株)	溶接作業データ収集＆管理システムによる溶接技術の伝承促進プロジェクト	製造業	少子高齢化により技術伝承が困難となっている溶接技術の見える化	品質向上に繋がる溶接データの把握とデータ蓄積による技術者の技術の見える化及び熟練者技術の伝承
26	地域クリエイト(株)	観光資源保全と魅力発信コンテンツ開発プロジェクト	観光	文化財等の観光資源保全及びインバウンド等来訪者へのサービス向上	ドローン等で対象物（観光資源）の3次元計測を行い、加工して魅力発信ツール等に活用できる3Dコンテンツを作成

27	(株)ナゴヤ	AVATAR FISHING（アバター技術を活用した世界初の遠隔釣り体験実現プロジェクト）	観光	最先端技術を活用した観光客の呼び込み等による観光産業の生産性向上	観光用釣り堀に釣り竿をもった遠隔操作ロボットを設置し、力触覚（ハプティクス）技術や高速通信技術を用いて、離れた場所で釣りを疑似体験できるシステムの開発
28	大分IoT推進ラボコンソーシアム	買物弱者等社会的弱者支援システム開発プロジェクト	商業・流通サービス業	地方の中山間地域等における買い物弱者対策と地域の商業機能の維持	消費者、商品提供者、運輸業者等をつなぎ、物流の効率化を図る「買物弱者等生活支援システム」の開発
29	(株)オルゴ	土砂災害監視ビッグデータ収集および解析と地域住民災害情報提供サービスの構築	建設・防災	自然災害の被害を最小限に抑えるための早期避難の実現	地すべりセンサ等のデータ解析による土砂災害発生予測、地域発信SNS（Facebook、Twitter等）のテキスト分析による予兆・前兆現象等に基づく早期避難情報提供システムの構築
30	(株)IoZ	インターネット・オブ・ワイン(IoW)プロジェクト	農林水産業	消費者のニーズにマッチしたワイン生産による国産ワインの高付加価値化	土中センサ等による栽培データ収集、アプリ連動型ワインサーバーによる試飲情報収集等によるデータ分析をワイン製造や販路拡大に活かす仕組みの構築
31	技術サポートネットワーク大分	地域経済牽引製造業IoTプロジェクト	製造業	県内中小製造業のニーズに見合うIoTシステムの開発・導入による生産性向上	県内中小製造業における設備管理、工程管理の課題をIoTシステム導入で解決するモデル工場の取組を県内に展開
32	イジゲン(株)	日本列島Payless化プロジェクト	商業・流通サービス業	サブスクリプション型ビジネスモデルへの転換促進、ユーザーのサービス選択や利用手続の簡素化	小規模事業者などが行う定額サービスをまとめて閲覧、気に入ったサービスの契約、支払手続まで一括して行うことのできるWebサービス「SEAT（シート）」の展開
33	(株)ミカサ	IoTを活用したバイオトイレのアフターフォローサービスの開発	環境・衛生	観光客等の受入れ環境や建設業の労働環境の整備推進	くみ取り不要で水を必要としないバイオ分解式トイレについて、利用回数、処理槽湿度等のデータを蓄積し遠隔地から把握・通知ができるIoTシステムの開発
34	柳井電機工業(株)	酒造りの品質確保をサポートする醸造工程IoTプロジェクト	製造業	酒造業における職人の高齢化に対応した酒造りの品質確保	発酵タンクの水温管理に加え微妙な歪変化を重量換算し、CO2濃度及びメタノール濃度の変化を連続収集・分析することによる最適な発酵工程管理システムの構築
35	日本ハウジング(株)	住宅劣化を予測するHome IoTセンサ事業	建設業	資産価値のない既存木造住宅の負の資産化への対応（空き家増加による周辺の住環境悪化及び資産のない高齢者の転居阻害）	木造住宅の主要構造部内部の温湿度データを取得するIoTデバイスの開発により、効果的なメンテナンスを可能にし、資産価値低下を抑制する仕組みの構築
36	(株)IoTスクエア	車えび養殖のIoTによる生産性向上プロジェクト	農林水産業	姫島村の基幹産業である車えび養殖における生産性の向上	車えび養殖の生産性向上に向けたクラウドシステム(IoT)による養殖環境のデジタルデータ収集及び分析検証の仕組みの構築

37	(株)ザイナス	先端技術を活用した新たな防災・減災のプラットフォーム構築	防災・減災	近年、多くの災害が発生しており、平時からの災害への備えや防災・減災への取組が必要。多様な情報が提供されるようになったものの、情報共有の仕組やリスク分析、防災教育に至るまでの情報の高度な活用が進んでいない。	過去の災害データや地域の固有情報等のデータをAI解析し、発災の可能性が生じたときの被害予測に基づいた迅速な調査や、通常からの防災教育に活用されるとともに、防災・減災に関する様々なテーマが生まれ、蓄積された情報を活用されることを目指すプラットフォームの構築
38	(株)隼斗	医師向け医療レファレンスサービスにおけるAI開発と事業化	医療	医療現場における、難病医療レファレンス等、医師等へのサポート	難病医療レファレンスサービスをAI化し、これまで以上に、多くの医師等のサポートに活用
39	地域クリエイト(株)	まるごと3Dシティ・プロジェクト	防災・減災 地域振興	地理情報の有効活用による防災対策、特異な観光資源の保存及び情報発信による地域振興	市民と地元企業、参加型によるデータ収集を行い、収集した地理情報を3D化、そのデータを企業、IoTサービス、市民観光客等へ提供するビジネスを展開
40	地域クリエイト(株)	AI活用による点群データの地物自動認識から創出されるドローンの自律運転システム開発プロジェクト	防災・減災 交通	人口減少や少子高齢化等を背景とした商店撤退等による買い物弱者等の社会的弱者支援	レーザー計測で得た精緻な点群データと明瞭な画像データを合成することで、精緻かつ明瞭な3Dマップを創出し、GPS未受信エリアにおいてもドローンの自律運行が可能となるシステムの開発
41	(株)PetRibbon	ペット保有世帯の膨大なデータを収集し、消費予測および消費機会創出に活用するためのデータの蓄積・分析システムの構築	商業・流通 サービス業	ペットツーリズム・ペット用品の消費動向の把握、活用	ペット保有世帯の膨大なデータを収集・分析し、観光及びペット産業へ提供
42	大分大学	地域・伝統産業におけるIoTによる工程可視化	製造業	小規模企業で、低コストで運用できるIoTの活用による生産性向上	生産から流通までのデータ蓄積及びAIを用いた解析に基づく要因分析、適切な環境管理、製品品質の向上、作業者負担の軽減
43	(株)オーイーシー	カメラ映像解析によるメンタルヘルスチェックとAI技術を活用した分析サービスの構築	医療	メンタルヘルスチェックの簡易化による健康管理	WEBカメラでの表情測定を行い、蓄積した感情データをAI活用して解析することで、専門スタッフを必要とせず、かつ低コストでメンタル変化」や「ストレス状況」をチェックするシステムの開発
44	(株)みらい蔵	土壌分析とIoT活用によるスマート農業の普及・促進	農業	農業就業人口、耕作地の増には、農業経営を安定させることが必要	圃場環境、土壌の日々のセンシングによる状態把握、データ管理を通じた農家の稼働削減、作業の効率化、追肥のタイミング、施肥設計の適正化を行い、収量の増加、作物の高品質化を目指す取組
45	エネフォレスト(株)	IoTを活用した空気殺菌装置「エアロシールド」の機能向上プロジェクト	医療・福祉・保険	空気感染による感染症のリスクを押さえ、安心して暮らせる地域の実現	安全性の向上や定期的なメンテナンスや製品からのデータ収集、データ元化を図るため、IoT機能を付与した製品(紫外線の殺菌力を利用して空気を殺菌する装置)の開発
46	特定非営利活動法人 まち・文化再生プロジェクト	イベント会場における電子チケットサービスプロジェクト	商業・流通 サービス業	キャッシュレス対応	イベント会場における簡易なキャッシュレスサービス(電子チケット)が容易に導入できるプラットフォームサービスの開発

（出典：大分県 H.P.「大分県 IoT 推進ラボ認定一覧」表より著者作成）
https://www.pref.oita.jp/site/sme/heisei29-ninteikekka.html

7　OVOP から OITA4.0 へ

　40 年前に開始された OVOP ビジネスの効果で、大分県の各地域において地域特産としての名産品が数多く生み出されたたことことは OVOP ビジネスの最大の成果と考えることができる。

　また、一村一品運動の「人づくり」に係る取組みも評価することができる。たとえば、OVOP 施策で展開された「豊の国づくり塾」などで学んだ人材が、高いモチベーションのもと、地域のリーダーとなった例も少なくない。「人づくり」の面で言えば成功したと言える。

　しかしながら、当時の OVOP において課題も多いことは確かであろう。たとえば、「地域の誇り得る産品」がどれほど創出されたかは評価が分かれるところである。

　かつて、OVOP の中心的作物であり、フライト産品として宣伝された大田村（現・杵築市）の生シイタケは、原木の不足や高齢化により 5 年で終息した事実がある。つまり、OVOP の中には消えたものや当初の思惑どおりの生産量に到達できないものも多い。

　また、OVOP は地域活性化の成功例として評価を得るに至ったが、そもそもの運動の背景にあった過疎問題の解決には、第 3 節の「大分県の年齢別人口割合の推移」のデータを見る限り十分結びつかなかったともいえる。当時の平松知事は過疎問題について「単に人口が増えればいいというものではない。

　たとえ、過疎化がすすんでもそこにやる気のある人たちが増えればいいからだ」。と述べている[4]。人づくりに重点を置いたことであろうが、人づくり及び地域づくりとは、持続可能な発展に担保されたものでなければならないことは明らかである。

　ここで平松知事が主導した OVOP について、1 つの評価を下すことができる。それは、一村一品運動が人づくりに腐心しながら、地域資源に着目し

地域事業創造や地域産業の活性化を目指し、施策としてある程度奏功しても、過疎問題の解決、若者の定着、さらには人口増加には結びついていないということである。

　次に大分県において、平松知事の後を受けて知事に就任した広瀬知事は、OVOP ビジネスを地方創生のカテゴリーにおいて、ブラッシュアップしたと考えることができる。

　地方創生が一村一品運動と決定的に違うことの 1 つは、雇用の創出や地域産業の活性化などの「仕事」に係る施策にとどまらず、出産・子育て支援や女性の活躍推進を念頭に置いたワークライフバランスの推進など人口動態、すなわち「人」に係るアプローチを試みている点である。

　OITA4.0 では、第 3 節で指摘したような 1 次産業の就業者の高齢化や人材不足などに関して、AI や IoT 導入の成果活用を通じて問題の軽減も期待される。第 5 節では、OITA4.0 が産業の育成だけではなく医療、福祉、防災、環境などのカテゴリーも含んでいることが示されている。

　もちろん、OVOP での人材育成塾においても、健康、福祉、生涯学習、国際交流等幅広い人材育成が行われたが、大分県の行政としての制度化には至らなかった。問題は、産業の育成と人づくり、地域づくりをどのように体系的に制度化するかである。

　OITA4.0 では IoT を用いることでデジタルマーケティングによる体系化に期待がもたれる。OITA4.0 が目指す地方創生では人口減少、高齢化社会に対応する地域の持続的成長を期待できる。

8　まとめ

　OVOP ビジネスをもう一度「人づくり、地域づくり」の視点で捉えるならば、地方にとって重要なことは、単純な人口増加ではなく、その先にあるバランスのとれた人口構造といえる。

　そのためには、地方に居住して働く人にとって、生活をしていくのに十分な収入を得られるやりがいのある「仕事」を維持・創出していくことが必要である。

OVOP ビジネスには少なからず、これらの契機になる可能性がある。新しい技術であるデジタルマーケティングからの知見も活かしながら、持続的な発展が期待できる地方創生を実現していくことが求められる。

そして、OVOP ビジネスにおけるデジタルマーケティングの活用においては、ビジネスの発展だけではなく、ビジネスを支える人づくりと地域づくりの枠組も取り入れる必要があることが重要である。

参考文献
・(社) 大分県地域経済情報センター（1982）「大分県の「一村一品運動」と地域産業政策」
・大分県（2015）「過疎地域自立促進方針（平成 28 年度〜平成 32 年度)」

引用

1　大分キヤノン株式会社が 1982 年 2 月に大分県国東市に進出。大分キヤノンは国東市以外では大分市に事業所を置くキヤノン・グループのデジタルカメラ、ビデオカメラ、レンズの生産子会社である。

2　地方創生とは、東京一極集中を是正し、地方の人口減少に歯止めをかけ、日本全体の活力を上げることを目的とした一連の政策である。2014 年 9 月 3 日の第 2 次安倍改造内閣発足後の総理大臣記者会見で発表された。ローカル・アベノミクスともいわれる。

3　包括的かつ持続可能な産業課の促進及びイノベーションを図ることは、SDGs 目標 9「産業と技術革新の基盤をつくろう」において提唱されている。

4　城戸宏史（2016）「『一村一品運動』から紐解く『地方創生』」日経研月報 2016 年 6 月、日本経済研究所

第2編
SDGs を基盤にした OVOP の展開

第1章
SDGs を基盤とした OVOP の海外展開における理念と政策
第2章
SDGs を基盤とした Society5.0 と OVOP ビジネスの技術革新

SDGsを基盤にした
OVOPの海外展開における理念と政策

【要旨】

　日本では OVOP を始めた大分県が独自のローカル外交を展開したほか、政府主導のアフリカ開発会議（TICAD）、経済産業省と日本貿易振興機構（JETRO）、外務省と国際協力機構（JICA）など様々なチャンネルにおいてOVOP の国際的イニシアチブが展開されてきた。そして、2015 年に国連で持続可能な開発目標（SDGs）が採択されてからは、その役割と目標が一層鮮明になったらと思われる。

　本章では、大分県が進めた OVOP の海外への紹介、JICA が進める OVOPの海外展開を概観することで SDGs における各目標との整合性を確認した。その結果、OVOP には、SDGs 目標 17 のすべての取組みが含まれていて、特に開発途上国における目標 1「貧困をなくそう」、目標 2「飢餓をゼロに」、目標 3「すべての人に健康と福祉を」、目標 4「質の高い教育をみんなに」、目標 5「ジェンダー平等を実現しよう」、目標 8「働きがいも経済成長も」、目標 9「産業と技術革新の基盤をつくろう」、目標 16「平和と公正をすべての人に」、目標 17「パートナーシップで目標を達成しよう」について有用な事業であることが明らかになった。

キーワード：SDGs、OVOP、大分県、JICA

1　はじめに

　1993 年に政府主導のアフリカ開発会議（以下 TICAD = Tokyo International Conference on African Development）が初めて東京で開催され、以後定期的にアフリカの経済成長を実現し、その恩恵が貧困層も含めて広く社会に行き

渡るようなバランスの取れた安定的な成長を実現する仕組みをつくるための会議が日本で開催されている。そして、この会議に出席するために、アフリカから多くの国の代表者が来日しているが、この機会を利用して会議に参加する代表者たちは、日本で展開される様々な産業振興、地域づくりの事例も見学している。大分県が進めた OVOP もその 1 つであった。

　2005 年の世界貿易機関（WTO = World Trade Organization）香港閣僚会議の際には、開発途上国の支援である「開発イニシアチブ」が発表され、日本の経済産業省と経済産業省と日本貿易振興機構（以下 JETRO = Japan External Trade Organization）が連携して 2006 年から開発途上国での「一村一品」が開始された[1]。

　そして、2010 年のアジア太平洋経済協力会議（APEC = Asia-Pacific Economic Cooperation）中小企業大臣会合において取りまとめられた「岐阜イニシアチブ」の中では、「それぞれの国内または地域内の資源を活用した高付加価値産品の開発及びグローバル市場への販売展開の支援」の重要性が謳われた[2]。

　また国際協力機構（以下 JICA = Japan International Cooperation Agency）は、2010 年〜 2013 年に「地場産業振興プロジェクト（PROFIL）」を通じて、OVOP や道の駅といった日本生まれの地域振興運動の紹介を通じて海外での地場産業振興を展開している。

　海外で展開される OVOP にはその理念と政策を検索できるチェックシートが有用であるが、2015 年 9 月の国連総会において SDG s の世界を変えるための 17 の目標とそれを達成するための具体的な 169 のターゲットが最も適した道具になると考えられる。

　そしてわが国では、SDGs に係る施策の実施について総合的かつ効果的に推進するため、内閣に持続可能な開発目標（SDGs）推進本部が設置され、2016 年 12 月に短中期工程表として「SDGs 実施指針」が策定された。

　本章では、大分県が進めた OVOP の海外への紹介、JICA が進める OVOP の海外展開の目的を考察することで、SDGs における各目標との整合性を確認する。そして、海外において展開される OVOP が、当該地域の持続可能な開発として有用であることを明らかにする。

2　大分県平松知事が進めた OVOP の海外展開

　OVOP は、地域活性化の手法として海外でも導入されるようになり、OVOP を通じた大分県と海外の自治体などとの地域間交流（ローカル外交）が盛んに行われるようになった。OVOP を展開した大分県もその取組みを海外へ積極的に発信した。これは、1983 年に平松県知事が中国上海市の市長の招待を受けたことに遡る（図表 20 参照）。

　大分県による OVOP によるローカル外交は更に続き、1991 年にはマレーシアのケダ州（One Kampung One Product）、1993 年には台湾の高雄市（一郷一物一文化運動）、そして、1995 年にはインドネシアの東ジャワ州（村へ帰る運動／ Gerakan Kembali ke Desa: GKD）で OVOP が開始された。

　OVOP は、各国によって馴染みやすいキャッチフレーズがつけられた。図表 20 に OVOP をモデルとして海外で開始された取り組みを示す。

　次節の図表 22 では、JICA が発展途上国と協力して進める OVOP プロジェクトの抜粋が示されているが、たとえばマラウイ等、図表 22 に示された国の中にも、大分県が進めた OVOP を視察するなどして開始されたプロジェクトも多い。

　したがって、大分県が進めた OVOP の海外移転と JICA が進める OVOP の海外支援では明確な分離はなく、両者の協力のもとに進められたものとえる。上記の図表を分けたのは大分県が進めたローカル外交に独自の評価を与えるためである。

　1979 年から 2003 年までの 24 年間、大分県が進めた OVOP の評価については、肯定的なもの否定的なものを含めて様々なものがあるが、地域の誇りを高めることを狙ったムラおこしや地域づくりの推進は、大分県（OITA）の知名度と前向きなイメージの向上があったことは疑う余地はないと思われる。

　OVOP では、特産品開発販売だけではなく、豊の国づくり塾を開設して人づくりとそのネットワーク化を進められた。県内・県外でアジア九州地域交流サミットなどの地域間交流イベントが活発に開催された。

【図表 20　大分県が OVOP を通じて海外の自治体と行った地域間交流】

No.	地域		タイトル	開始年	備考
1	中国	上海市	一廠一品運動	1986	1983年8月、平松知事一行が上海市を初訪問、続いて1985年5月にも上海市、武漢市、西安市を訪問し、一村一品運動について講演を行う。 　以後中国全土に一村一品運動が知れわたり、1986年の呉学謙外相、1987年の田紀雲副首相など国の要人のほか、毎年各地から多くの人々が来県し、一村一品運動の視察や技術研修などを通した幅広い交流が続いている。
2			一街一品運動		
3			一区一景運動		
4			一村一宝運動		
5		江蘇省	一郷一品運動		
6			一鎮一品運動		
7		陝西省	一村一品運動		
8		江西省	一村一品運動		
9	フィリピン		One Barangay, One Product Movement	2001	アロヨ政権がOTOP(One Town One Product)プログラムを開始
10			One Region, One Vision Movement		
11	マレーシアケダ州		Satu Kampung, Satu Produk Movement	1991	1 K1P(One Kampung One Product)運動(ケダは、当時のマハティール首相の出身地
12	インドネシア東ジャワ州		Backto Village	1995	「村へ戻る運動」(Gerakan Kembali ke Desa: GKD) がスディルマン州知事の指導で開始
13	タイ		One Tambon, One Product Movement	2001	タイでタクシン首相の指導力のもとOTOPプロジェクトが開始
14	カンボジア		One Village, One Product Movement	2009	
15	ラオス		Neuang Muang, Neuang Phalittaphan Movement	2003	経済政策支援プロジェクト(MAPS)がJICAにより実施

（出典：国際一村一品運動協会 web サイト「一村一品運動を通じたローカル外交」を参考に著者作成
http://www.ovop.jp/jp/ison_p/gaiko.html）

　そして、その延長線上で国外への OVOP の紹介が活発化し、ローカル外交が精力的に展開された（図表 21 参照）。その後も立命館アジア太平洋大学（APU = Asia Pacific University）の開学、OVOP に関する海外からの研修員受け入れなどを通じて、大分県と海外との交流はさらに盛んになっている。

　平松知事から広瀬知事に代わり、大分 OVOP は第 2 フェーズに入ったと考えられる。たとえば、平松時代では、地域特産品で同じものが乱立したため、個別地域の特産品生産では、利益を確保するためのロット数の確保が難しい状況もみられた。第 2 フェーズでは、地域特産品のブランド推進を県が主導することで、生産効率と品質管理の向上が図られた。

【図表21　アジア九州交流サミット参加国】

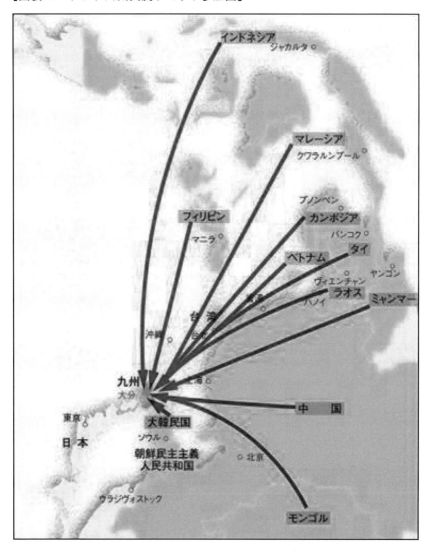

（出典：アジア九州交流サミット web サイト図より転載）

http://www.ovop.jp/Exchange/ajiakouryu/index.htm

大分県のローカル外交は中国から始まった。1983 年に平松県知事が中国の汪道涵・上海市長の招待を受けたことを皮切りに、上海市に隣接の江蘇省でも 1984 年に「一郷一品運動」、「一鎮一品運動」が始まった。

　そして、これらに触発された武漢市は、1985 年に平松県知事を招待した講演の後、「一村一宝運動」を開始させた。1986 年には呉学謙外相、1987 年には田紀雲副総理の中国共産党の首脳も訪日の際に、大分県の OVOP の現場を訪ねた。当時の中国では、郷鎮企業 の振興策 として OVOP が注目されていた。

　1990 年代に入ると中国の他のアジア諸国へ OVOP が紹介されていく。マレーシアのケダ州（当時のマハティール首相の出身地）で 1991 年に「１Ｋ１Ｐ（One Kampung One Product）運動」が開始された。1993 年には、フィリピンのラモス大統領来日をきっかけとしてフィリピンに紹介された。

　インドネシアでも 1995 年に東ジャワ州で「村へ戻る運動」がスディルマン州知事の主導で開始された。2001 年からはタイでタクシン首相の主導で「OTOP（One Tambon One Product）プロジェクト」が開始され、続いてフィリピンでもアロヨ政権により「OTOP（One Town One Product）プログラムを開始された。

　タイ首相府のマスタープランによると、OTOP 政策の目的として、次の 10 点が挙げられている 。
①地域の経済活動の活性化
②地域の雇用機会の創出
③地域の所得および生活水準の向上
④都市から地方への「Uターン」促進（特に若年労働者）
⑤住民参加と創造性、ビジネスマインドの促進
⑥地域の資源・人材・文化・歴史条件の最大限の活用
⑦地域住民の自助努力支援
⑧市場主義による高付加価値製品の生産
⑨環境に優しく商業的に持続可能な製品の生産
⑩ステップ・バイ・ステップ・アプローチ：初期段階は地域や国内の市場向けの製品づくりを行 い、最終的には国際市場で販売可能な製品の生産への移行

3 JICAが展開しているOVOP

OVOPを通じた大分県のローカル外交活動はJICAの注目することとなった。そこでJICAは、1998年にマラウイへの支援を目的としたOVOPワークショップを開催。現在では30か国以上がOVOPを国家政策や援助プロジェクトに導入している。

JICAが発展途上国と協力しているOVOPプロジェクトの例を図表22に示す。

【図表22　JICAが発展途上国と協力して進めるOVOPプロジェクト（抜粋）】

地域	実施機関	プロジェクト名	協力期間	目的
中央アジア	キルギス	OVOP+1	2006	生産を担う農家組織と、彼らに的確な指示とサポートを提供するOVOP+1とに役割を分担し、"商品力"を向上させた。首都ビシュケクのほか国外でも人気の商品が生まれていった。
	アルメニア	地方産品・地方ブランド開発プロジェクト	2016年7月〜2019年6月	地方中小企業の競争力向上
中央アメリカ	エルサルバドル	一村一品アドバイザープロジェクト	2012年11月〜2017年2月	地域ブランド制度構築において、地域産品（農産物加工品や工芸品）や地域の特色を売りにした取り組み（観光資源など）を行う。ナショナルブランドとしてのOVOPの認証を通じて地域特産品が創出されるだけでなく、各地域自体の知名度向上及び地域振興に繋がるような地域独自のブランディング化の取り組みへ発展させていく。
	グアテマラ、ホンジュラス、エルサルバドル	OVOP広域アドバイザー	2018〜2020	各国のOVOP生産者が、隣国のOVOP活動を視察し、意見交換会等を行う。
南アメリカ	コロンビア：農村開発部農業・農村開発第一グループ第一チーム	一村一品（OVOP）コロンビア推進プロジェクト	2014年3月〜2018年2月	OVOP中央委員会におけるOVOP推進モデルの提案と推進戦略案の策定支援に加えて、策定されたOVOP市委員会及び各イニシアチブにおけるアクションプラン及びビジネスプラン実施の支援
	アルゼンチン保健・社会開発省	OVOPのコンセプトに沿った市場志向型インクルーシブバリューチェーンの構築プロジェクト	2019年6月〜2024年6月	市場のニーズを反映した農産加工品／伝統工芸品／農村観光商品などの開発及び地域の特徴を活かした商品のブランディング化を行う
	ウガンダ	農産物の収穫後処理及び流通市場開発	2003〜2007	農産物の収穫後処理
	ガーナ	シアバター・プロジェクト	2008〜2009	シアバターの生産、マーケティング、及びプロモーション
	ルワンダ	一村一品運動	2010	中小零細企業・協同組合のビジネス振興
	ナイジェリア	一村一品運動促進支援プロジェクト	2010〜2011	農村開発、農産物の貯蔵と流通

アフリカ	セネガル	農村零細事業強化・起業家育成支援プロジェク	2011年3月〜2014年2月	農村部零細手工業従事者の能力強化を通じた農村住民の所得向上ならびに地域経済活性化
	モザンビーク	一村一品運動	2010〜2012	
	ケニア：産業化省	一村一品サービス改善プロジェクト	2011年11月〜2014年11月	農村地域の中小零細ビジネスの付加価値向上を目指すプログラムとしてOVOPに取り組む
	ナミビア	一村一品運動アプローチによる地方振興(One Region One Initiative: OROI)	2012	一村一品運動プロジェクトの形成
	ザンビア	一村一品プロジェクト	2012〜2013	農村部の開発による持続的な雇用の創出
	タンザニア	アグロインダストリー新興・産業人材育成に係る情報収集	2014	農業物加工・マーケティング
	エチオピア	一村一品促進プロジェクト	2014年6月〜2015年5月	南部諸民族州農業局傘下の組織への技術移転を進め、エチオピア版OVOPを根付かせていく取り組み
	マラウイ：OVOPユニオン	一村一品グループ支援に向けた一村一品運動能力強化プロジェクト	2014〜2019	マラウイ政府の包括的産業貿易戦略へOVOP戦略を取り込み、OVOP運動を国家戦略の一部としてより効果的に展開する

（出典：著者作成）

3-1. マラウイで始まった OVOP

　マラウイでは 2003 年 12 月に OVOP がマラウイ政府によって導入された。そこには JICA と大分県の 10 年に渡る支援があった。2003 年に大分県を視察[3]したマラウイのバキリ・ムルジ大統領のイニシアチブにより OVOP 事務局が設置され、JICA の支援を通じて「マラウイならでは」の商品開発が進められた[4]。

　マラウイで始まった OVOP の 1 つの契機だったといえるのは、第 1 回 TICAD[5]開催直後の 1993 年 11 月にマラウイ日本大使館外交団として大分県を訪問したカザミラマラウイ大使が、OVOP に強い関心を持ったことが挙げられる。その関心は同大使館職員によって継がれ、マラウイ大使館では大分の OVOP に関する調査が続けられた。

　そして、マラウイ大使館職員の強い関心に後押しされ、1997 年 12 月には招聘訪問中のアレケバンダ農業灌漑大臣が大分県で OVOP を視察した。1998 年 10 月の第 2 回 TICAD には前回同様に財務大臣とマラウイ大使館職員が出席し、そこで OVOP への関心を大分県側と確認する機会が設けられた。これを受けて、1998 年 11 月には大分県による調査団がマラウイに派遣された。

　OVOP をマラウイに紹介したもう 1 つのチャンネルは、JICA 研修である。マラウイからの JICA 研修生が参加する地域振興や農村開発の集団研修事業

で、継続的に大分県大山町や姫島村の事例が OVOP のコンセプトとともに紹介された。

　たとえば 1999 年より JICA 九州センターが大分県で実施した地域振興研修にはマラウイから計 14 名の行政官が参加した。彼らが後に自国での一村一品運動導入のイニシアチブをとるネットワークを各省部局でつくり、最初のパイロット・プロジェクト案件形成で中心的な役割を果たした。

　このように、主として TICAD 訪問団と JICA 研修団を通してではあるが、日本側の約 10 年間に及ぶ準備期間を経て、バキリ・ムルジ大統領は 2003 年 12 月に農業省内に担当事務部局を設置し、政府事業としての導入を決断したのである。

　これによって一村一品運動は，日本の開発援助事業からマラウイ政府の農村開発事業として位置づけられた。その最終的な意思決定を推したのも TICAD であった。2003 年 10 月に第 3 回 TICAD に参加するため来日したムルジ大統領は大分県の一村一品運動関係機関を訪問し、強い関心を覚えたとされる[6]。

3-2.　エルサルバドルの OVOP

　エルサルバドルにおける OVOP は、JICA の協力により 2012 年 11 月から個別専門家が派遣されている。それは、経済活動の促進を通じた地域開発に資する戦略として当初 75 市以上で展開されたが、2019 年までには 100 市までに拡大が進められた。

　これまでの活動としては、国家小零細企業委員会（以下 CONAMYPE）の職員や地域アクターの人材育成に注力しつつ、CONAMYPE 内に OVOP 事務局が設置された他、OVOP 政策への着手、OVOP 戦略ガイドラインの設定など、OVOP 運動を促進するための制度化が進んでいる。また、エルサルバドル国内の地域間でのグッドプラクティス視察、交流会の定期的な開催や分散体験型見本市（オンパク）のガイドブック及び機関紙の作成、経営管理や地域ブランド育成にかかる技術支援が行われている。

　さらに、アンテナショップ、オンパク、地域フェアの開催等を通じた地域産品（農産物加工や工芸品）と観光資源の市場開拓支援等も展開されている。

3-3. エルサルバドル OVOP の 2016-2017 年度の展望

エルサルバドルの OVOP は、2012 ～ 2016 年度の取組みを踏まえて、この運動を中央アメリカ周辺国・地域のモデルとして確立するため、1 年間の延長要請が CONAMYPE からなされた。

したがって、中央アメリカにおける OVOP ビジネスのモデルを確立するために、これまでのコンセプト普及から始め、同運動の国内地域経済や地域住民への社会経済的なインパクトを評価・分析し、その効果を図りつつ、地域ブランド制度の構築が図られている。

特に、地域ブランド制度構築においては、地域産品（農産物加工品や工芸品）や地域の特色を売りにした取組み（観光資源など）が、ナショナルブランドとしての OVOP の認証を通じて地域特産品が創出されるだけでなく、各地域自体の知名度向上及び地域振興に繋がるような地域独自のブランディング化の取組みへ発展させていくことが課題となっている。

これに関して、CONAMYPE が中心となり、2016 年 10 月に公布発表された一村一品国家政策をもとに、様々な関連省庁（農業や観光振興）や市役所などの地方自治体、関連 NGO との連携を強化しつつ、地域ブランドの取り組みが全体的に促進されるようなインセンティブを与える仕組みを構築していくことが重要な課題となる。

4　海外での OVOP 展開における課題

JICA の H.P. に「大分の一村一品運動の核は、実は物（特産品）づくりより、むしろ地域づくり、人づくりが成功の秘訣なのです」というメッセージが記されている[7]。そして OVOP は大分県の OVOP の成果を受けて、大分県と JICA によって、図表 20、図表 22 に示された国を含めて、30 以上の国々で実施されている。

ここで大分県の OVOP に掲げられた 3 つの理念を確認すると、次の 3 つになる。
a）ローカルにしてグローバル
b）自主自立・創意工夫
c）人づくり・地域づくり

では、海外での OVOP では、この 3 つの理念が果たされているかというと、「一村一品」という言葉が想起させる次に示すような誤解があると考えられる。

① OVOP を「産品を 1 つに特化させてその生産規模を拡大させる戦略」と受けとること

② OVOP を地域産業振興のための唯一の処方箋と位置づけ、すべての課題を一村一品運動で解決しようとすること

③ OVOP を海外へ伝えたのは、平松知事を筆頭とした大分県の行政官や JICA 職員であり、伝えられた側もそのほとんどが行政官（多くは中央政府の行政官）であること

　①では、インドネシアの南スラウェシ州において、1980 年代後半の適地適作政策実施初期に OVOP の考え方が紹介され、単一産品ベルト地帯づくりが展開された。州政府は指定産品のみを農民に栽培させようとした。ここでは結局、一村に一品しか産品をつくってはいけない運動になってしまった。対照的に OVOP の元祖である大山町では、梅栗から始まって「ムカデ農業」と呼ばれる多品種少量生産で加工度を高めて高付加価値を追求し、一村 120 品を実現させた。

　②では、大分県では、OVOP に関わる取組みが経済活動の主軸となったわけではない。あくまでも米作などの基本農業や伝統地場産業の営みがベースであり、OVOP の名のもとに取り組まれた現場では、地域性をもった地域資源を付加的に発掘し、その価値を高め、地域の誇りと地域経済活動のさらなる向上を果たそうとしたのである。住民の汗の結晶から産まれた実践的なものであり、OVOP は決して魔法の杖ではない。

　③では、海外から学びに来た行政官は、OVOP を母国での地域開発事業プロジェクトとして認識しており、OVOP を国の予算を投じたプロジェクトとして適用することになる。予算が付けば当然結果が求められるわけで、早急な効果を狙って政府主導の上意下達のプロジェクトとして立案されることも少なくない。

　このとき、伝えられる側には OVOP の成功事例のインパクトが強く、その具体的な生産技術や販売ノウハウなどに関心が向けられることになる。そしてその技術やノウハウを行政から民間へ移転しようとするときに、OVOP

の成功事例の時代的背景や、失敗経験も数多く含む試行錯誤のプロセスへの配慮が希薄になり、何らかの具体的なアクションを急いで起こそうと考えが起こりがちということである。

インドネシア・東ジャワ州で実施された「村へ帰る運動」はその典型で、州政府プロジェクトとして県、市への介入が強められたため、現場レベルでの主体性が失われ、持続可能な事業にはならなかった。

前節で紹介した大分県やJICAが進めたOVOPの海外展開であるが、多くの場合、援助プロジェクトの実施計画では、一村につき売れそうな一品、そしてその一品の生産者を選定し、売れるためのさらなるノウハウ技術供与あるいは資金・融資供与を行い、プロモーションの支援を行うというデザインになっている[8]。

そしてその多くは特産品づくりが主眼であり、運動の本来の目的である人づくり、地域づくりに重点を置いて、住民主体の活動にまで発展させたものは少ない。海外では殆どの場合、JICAプロジェクトリーダーや、JICAが派遣する専門家やボランティアが発案したアイデアをもとに活動が進められる。

創意工夫をスローガンにアイデアを当事者である地元のものが考えだす大分県の活動とは異なる形態ではあるが、海外でのOVOPを持続可能な事業にするためには、OVOPの3つの理念が十分に満たされるようにプロジェクトを設計することが必要であろう。

特に注目すべきは「人づくり」であるといえる。プロジェクトの期間が終了し、ファシリテーター役であった日本人スタッフが帰国した後も持続的な活動が維持されるためには、地域外との繋がりを維持しつつ参加者の「気づき」を実現する能力を有するリーダーや新たなファシリテーターを住民や組織の中から育成することが欠かせないからだ。

5　OVOPを持続可能な事業した要因

大分県が進めたOVOPにおいて、持続可能な地域づくりとして成功した考えられる要因を以下に示す。
①商品開発が主目的ではなく、地域開発が主目的となるということ

②大分県が実施した一村一品運動では、徹底した「人づくり」を行ったこと
③開発すべき商品品目は、1つの村に対し1つではないということ
④ OVOP の "P" は、one product ではなく one pride を村で持とうとすること

　①は、商品開発は目的ではなく手段の1つにしかすぎないことを理解し、地域おこしとなるための仕掛けづくりに工夫をこらすということである。平松県知事も大分県行政も、OVOP に先駆けて自主的に村おこしをした大山町や湯布院の民間や地域の地道な取組みから学んだことが OVOP のきっかけである。

　そして、第2の「大山町」や「湯布院」が現れるよう、多種多様な人づくりの仕組みやイベント、交流会を仕掛けたのである。多くの住民が、こうした新しい人的ネットワークや学習機会を得て、地域と住民自身のブランディングを身につけて新たな運動へと発展していったといえる。

　②は、1983年に開設された「豊の国づくり塾」である。大分県内を12の地域に分け、各地域に塾が開設された。参加者は、昼間働いて夜に集まって勉強した。勉強のテーマはそれぞれの地域が決め、2003年までに延べ1991名が卒塾し、県下各地域のリーダーとして OVOP における地域づくり活動で活躍した。塾には多様なカテゴリーがあった（図表23参照）。

【図表23　豊の国づくり塾】

No.	塾名	対象者	開設年
1	21世紀大分農業塾	農業後継者	2000年5月
2	豊後牛飼い塾	肉用牛生産者	2001年4月
3	豊後やる木塾	中核的な林業経営者	2003年4月
4	大分しいたけ源兵衛塾	椎茸生産者	2002年4月
5	豊の浜塾	漁業者	2003年4月
6	豊の国商人塾	商業後継者	1987年9月
7	豊の国経営塾	地域経済界のリーダー	1987年7月
8	豊の国観交カレッジ	観光産業の若手経営者	1999年10月
9	豊の国国際交流カレッジ	地域の国際化を担うリーダー	1999年と2000年
10	おおいた環境塾	環境保全活動の実践リーダー	2003年4月
11	大分県ニューライフアカデミア	生涯学習者	1983年10月
12	豊の国しらゆり塾	若手母子家庭	1984年
13	大分県一村一品女にまかせろ100人会	OVOPIに取り組む女性	1994年

（出典：国際一村一品交流協会 H.P. を基に著者作成

http://www.ovop.jp/jp/ison_p/jissen3.html）

③は、リスク分散の点や、どの商品が売れるのかを試行錯誤していくということでもある。また、市場で売れるチャンスを増やす意味でも、多くの住民がチャンスを得るという意味でも、そこの地域のブランド力の向上の上においても意味がある。大分では、先に述べた大山町「ムカデ農業」をはじめ、それぞれの村が多くの商品開発にチャレンジした。

　④については、野田（2010）は次のように OVOP を説明している[9]。「私は、むしろ、one product ではなく one pride を村で持とうとする運動ではないかと思います。一商品ではなく、一致した村のアイデンティティや誇りをわかりやすく表すもの、というほうが当たっています」。

　野田のいう "one pride"（誇り＝プライド）というのは、企業でいうところの、CI（Corporate Identity）を創るということに類似していると考えられる。CI とは、企業がもつ特徴や理念を体系的に整理し、簡潔に表したもので、一般顧客から見て、企業を識別できるような、その企業に特有のものである。また、これを外部に公開することでその企業の存在を広く認知させるマーケティング手法である。

　CI は、ブランド名やロゴの場合もあれば、キャッチフレーズである場合もある。また、CI は、組織内の帰属意識やチームワークを強固にし、士気を高める効果が期待できる。

6　OVOP における女性活用

　前節の考察から、OVOP は地域におけるビジネス振興の「入り口」であり、その後の事業展開が発展する「きっかけ」であるといえる。また、OVOP には地域に誇りを持つ（one pride）という精神論があり、行動を起こすのは、行政官ではなく生産者である。

　この考え方は大分県が 2003 年までに開設した豊の国づくり塾のカテゴリーに見て取ることができる。中には若手母子家庭の就業を応援する「豊の国しらゆり塾」や OVOP に取り組む女性起業家のための「大分県一村一品女にまかせろ 100 人会」などがあった。

　大分県では、OVOP への取り組むにおいて、女性の起業や地域創成に果

たす役割が大きく影響したことがわかる。

　大分県では、過疎地域の農林水産業の担い手の減少や高齢化が進む中、農業就業人口の約半数、漁業就業者の約5人に1人を女性が占めている[10]。そのため、農山漁村の女性は、その能力と個性を発揮し、積極的に経営に参画するとともに、農産加工・販売といった起業活動や食育、福祉等の推進に主導的な役割を果たすことが期待されている。

　大分県では、各研修会による農山漁村女性のキャリアアップを図る農山漁村男女共同参画キャリアアップ促進事業が実施されている。

　図表24は、大分県が進めている農山漁村男女共同参画キャリアアップ促進事業での大分県内の農村婦人経営専門学校修了者数と女性起業家数の推移であるが、農業経営と起業に女性の役割は増加していることがわかる。

【図表 24　大分県内の農村婦人経営専門学校修了者数と女性起業家数の推移】

年	2002	2007	2008	2012
農村婦人経営専門学校2年コース修了者数(人)	416	491	547	760
女性起業家数	283	339	316	400

(出典：中小企業基盤整備機構（2012）「女性の潜在能力を活用した一村一品運動」p9の表をもとに著者作成)

7　SDGs と OVOP

　2015年9月の国連総会において「持続可能な開発のための2030アジェンダ」が採択された。そこに盛り込まれているのは、世界を変えるための17の目標とそれを達成するための具体的な169のターゲットで構成されるアクションプランである。

　図表25にSDGsの17の目標を示し、図表26に169のターゲットで構成されるアクションプランを示す。

【図表 25　SDGs1 ～ 17 の目標】

（出典：国際連合広報センター H.P.「SDG ｓ ポスター」より転載）

https://www.unic.or.jp/activities/economic_social_development/sustainable_

development/2030agenda/sdgs_logo/

【図表 26　SDGs169 のターゲットで構成されるアクションプラン】

目標1：あらゆる場所で、あらゆる形態の貧困に終止符を打つ	
1.1	2030年までに、現在1日1.25ドル未満で生活する人々と定義されている極度の貧困をあらゆる場所で終わらせる
1.2	2030年までに、各国定義によるあらゆる次元の貧困状態にある、すべての年齢の男性、女性、子どもの割合を半減させる。
1.3	各国において最低限の基準を含む適切な社会保護制度および対策を実施し、2030年までに貧困層および脆弱層に対し十分な保護を達成する。
1.4	2030年までに、貧困層および脆弱層をはじめ、すべての男性および女性の経済的資源に対する同等の権利、ならびに基本的サービス、オーナーシップ、および土地その他の財産、相続財産、天然資源、適切な新規術、およびマイクロファイナンスを含む金融サービスへの管理を確保する。
1.5	2030年までに、貧困層や脆弱な立場にある人々のレジリエンスを構築し、気候変動に関連する極端な気象現象やその他の経済、社会、環境的打撃や災害に対するリスク度合いや脆弱性を軽減する。
1.a	あらゆる次元での貧困撲滅のための計画や政策を実施するべく、後発開発途上国をはじめとする開発途上国に対して適切かつ予測可能な手段を講じるため、開発協力の強化などを通じて、さまざまな供給源からの多大な資源の動員を確保する。
1.b	各国、地域、および国際レベルで、貧困層やジェンダーに配慮した開発戦略に基づいた適正な政策的枠組みを設置し、貧困撲滅のための行動への投資拡大を支援する。

	目標2：飢餓を終わらせ、食料安全保障及び栄養改善を実現し、持続可能な農業を促進する
2.1	2030年までに、飢餓を撲滅し、すべての人々、特に貧困層及び幼児を含む脆弱な立場にある人々が一年中安全かつ栄養のある食料を十分得られるようにする。
2.2	5歳未満の子どもの発育阻害や消耗性疾患について国際的に合意されたターゲットを2025年までに達成するなど、2030年までにあらゆる形態の栄養不良を解消し、若年女子、妊婦・授乳婦及び高齢者の栄養ニーズへの対処を行う。
2.3	2030年までに、土地、その他の生産資源や、投入財、知識、金融サービス、市場及び高付加価値化や非農業雇用の機会への確実かつ平等なアクセスの確保などを通じて、女性、先住民、家族農家、牧畜民及び漁業者をはじめとする小規模食料生産者の農業生産性及び所得を倍増させる。
2.4	2030年までに、生産性を向上させ、生産量を増やし、生態系を維持し、気候変動や極端な気象現象、干ばつ、洪水及びその他の災害に対する適応能力を向上させ、漸進的に土地と土壌の質を改善させるような、持続可能な食料生産システムを確保し、強靭（レジリエント）な農業を実践する。
2.5	2020年までに、国、地域及び国際レベルで適正に管理及び多様化された種子・植物バンクなども通じて、種子、栽培植物、飼育・家畜化された動物及びこれらの近緑野生種の遺伝的多様性を維持し、国際的合意に基づき、遺伝資源及びこれに関連する伝統的な知識へのアクセス及びその利用から生じる利益の公正かつ衡平な配分を促進する。
2.a	開発途上国、特に後発開発途上国における農業生産能力向上のために、国際協力の強化などを通じて、農村インフラ、農業研究・普及サービス、技術開発及び植物・家畜のジーン・バンクへの投資の拡大を図る。
2.b	ドーハ開発ラウンドの決議に従い、すべての形態の農産物輸出補助金及び同等の効果を持つすべての輸出措置の並行的撤廃などを通じて、世界の農産物市場における貿易制限や歪みを是正及び防止する。
2.c	食料価格の極端な変動に歯止めをかけるため、食料市場及びデリバティブ市場の適正な機能を確保するための措置を講じ、食料備蓄などの市場情報への適時のアクセスを容易にする。
	目標3：あらゆる年齢のすべての人々の健康的な生活を確保し、福祉を促進する
3.1	2030年までに、世界の妊産婦の死亡率を出生10万人当たり70人未満に削減する。
3.2	すべての国が新生児死亡率を少なくとも出生1,000件中12件以下まで減らし、5歳以下死亡率を少なくとも出生1,000件中25件以下まで減らすことを目指し、2030年までに、新生児及び5歳未満児の予防可能な死亡を根絶する。
3.3	2030年までに、エイズ、結核、マラリア及び顧みられない熱帯病といった伝染病を根絶するとともに肝炎、水系感染症及びその他の感染症に対処する。
3.4	2030年までに、非感染性疾患による若年死亡率を、予防や治療を通じて3分の1減少させ、精神保健及び福祉を促進する。
3.5	薬物乱用やアルコールの有害な摂取を含む、物質乱用の防止・治療を強化する。
3.6	2020年までに、世界の道路交通事故による死傷者を半減させる。
3.7	2030年までに、家族計画、情報・教育及び性と生殖に関する健康の国家戦略・計画への組み入れを含む、性と生殖に関する保健サービスをすべての人々が利用できるようにする。
3.8	すべての人々に対する財政リスクからの保護、質の高い基礎的な保健サービスへのアクセス及び安全で効果的かつ質が高く安価な必須医薬品とワクチンへのアクセスを含む、ユニバーサル・ヘルス・カバレッジ（UHC）を達成する。

3.9	2030年までに、有害化学物質、ならびに大気、水質及び土壌の汚染による死亡及び疾病の件数を大幅に減少させる。
3.a	すべての国々において、たばこの規制に関する世界保健機関枠組条約の実施を適宜強化する。
3.b	主に開発途上国に影響を及ぼす感染性及び非感染性疾患のワクチン及び医薬品の研究開発を支援する。また、知的所有権の貿易関連の側面に関する協定（TRIPS協定）及び公衆の健康に関するドーハ宣言に従い、安価な必須医薬品及びワクチンへのアクセスを提供する。同宣言は公衆衛生保護及び、特にすべての人々への医薬品のアクセス提供にかかわる「知的所有権の貿易関連の側面に関する協定（TRIPS協定）」の柔軟性に関する規定を最大限に行使する開発途上国の権利を確約したものである。
3.c	開発途上国、特に後発開発途上国及び小島嶼開発途上国において保健財政及び保健人材の採用、能力開発・訓練及び定着を大幅に拡大させる。
3.d	すべての国々、特に開発途上国の国家・世界規模の健康危険因子の早期警告、危険因子緩和及び危険因子管理のための能力を強化する。
目標4：すべての人に包摂的かつ公正な質の高い教育を確保し、生涯学習の機会を促進する	
4.1	2030年までに、すべての子どもが男女の区別なく、適切かつ効果的な学習成果をもたらす、無償かつ公正で質の高い初等教育及び中等教育を修了できるようにする。
4.2	2030年までに、すべての子どもが男女の区別なく、質の高い乳幼児の発達・ケア及び就学前教育にアクセスすることにより、初等教育を受ける準備が整うようにする。
4.3	2030年までに、すべての人々が男女の区別なく、手の届く質の高い技術教育・職業教育及び大学を含む高等教育への平等なアクセスを得られるようにする。
4.4	2030年までに、技術的・職業的スキルなど、雇用、働きがいのある人間らしい仕事及び起業に必要な技能を備えた若者と成人の割合を大幅に増加させる。
4.5	2030年までに、教育におけるジェンダー格差を無くし、障害者、先住民及び脆弱な立場にある子どもなど、脆弱層があらゆるレベルの教育や職業訓練に平等にアクセスできるようにする。
4.6	2030年までに、すべての若者及び大多数（男女ともに）の成人が、読み書き能力及び基本的計算能力を身に付けられるようにする。
4.7	2030年までに、持続可能な開発のための教育及び持続可能なライフスタイル、人権、男女の平等、平和及び非暴力的文化の推進、グローバル・シチズンシップ、文化多様性と文化の持続可能な開発への貢献の理解の教育を通して、全ての学習者が、持続可能な開発を促進するために必要な知識及び技能を習得できるようにする。
4.a	子ども、障害及びジェンダーに配慮した教育施設を構築・改良し、すべての人々に安全で非暴力的、包摂的、効果的な学習環境を提供できるようにする。
4.b	2020年までに、開発途上国、特に後発開発途上国及び小島嶼開発途上国、ならびにアフリカ諸国を対象とした、職業訓練、情報通信技術（ICT）、技術・工学・科学プログラムなど、先進国及びその他の開発途上国における高等教育の奨学金の件数を全世界で大幅に増加させる。
4.c	2030年までに、開発途上国、特に後発開発途上国及び小島嶼開発途上国における教員研修のための国際協力などを通じて、質の高い教員の数を大幅に増加させる。
目標5：ジェンダー平等を達成し、すべての女性及び女児の能力強化を行う	
5.1	あらゆる場所におけるすべての女性及び女児に対するあらゆる形態の差別を撤廃する。

5.2	人身売買や性的、その他の種類の搾取など、すべての女性及び女児に対する、公共・私的空間におけるあらゆる形態の暴力を排除する。
5.3	未成年者の結婚、早期結婚、強制結婚及び女性器切除など、あらゆる有害な慣行を撤廃する。
5.4	公共のサービス、インフラ及び社会保障政策の提供、ならびに各国の状況に応じた世帯・家族内における責任分担を通じて、無報酬の育児・介護や家事労働を認識・評価する。
5.5	政治、経済、公共分野でのあらゆるレベルの意思決定において、完全かつ効果的な女性の参画及び平等なリーダーシップの機会を確保する。
5.6	国際人口・開発会議（ICPD）の行動計画及び北京行動綱領、ならびにこれらの検証会議の成果文書に従い、性と生殖に関する健康及び権利への普遍的アクセスを確保する。
5.a	女性に対し、経済的資源に対する同等の権利、ならびに各国法に従い、オーナーシップ及び土地その他の財産、金融サービス、相続財産、天然資源に対するアクセスを与えるための改革に着手する。
5.b	女性の能力強化促進のため、ICTをはじめとする実現技術の活用を強化する。
5.c	ジェンダー平等の促進、ならびにすべての女性及び女子のあらゆるレベルでの能力強化のための適正な政策及び拘束力のある法規を導入・強化する。
目標6：全ての人々の水と衛生の利用可能性と持続可能な管理を確保する	
6.1	2030年までに、すべての人々の、安全で安価な飲料水の普遍的かつ衡平なアクセスを達成する。
6.2	2030年までに、すべての人々の、適切かつ平等な下水施設・衛生施設へのアクセスを達成し、野外での排泄をなくす。女性及び女児、ならびに脆弱な立場にある人々のニーズに特に注意を払う。
6.3	2030年までに、汚染の減少、投棄の廃絶と有害な化学物・物質の放出の最小化、未処理の排水の割合半減及び再生利用と安全な再利用の世界的規模で大幅に増加させることにより、水質を改善する。
6.4	2030年までに、全セクターにおいて水利用の効率を大幅に改善し、淡水の持続可能な採取及び供給を確保し水不足に対処するとともに、水不足に悩む人々の数を大幅に減少させる。
6.5	2030年までに、国境を越えた適切な協力を含む、あらゆるレベルでの統合水資源管理を実施する。
6.6	2020年までに、山地、森林、湿地、河川、帯水層、湖沼を含む水に関連する生態系の保護・回復を行う。
6.a	2030年までに、集水、海水淡水化、水の効率的利用、排水処理、リサイクル・再利用技術を含む開発途上国における水と衛生分野での活動と計画を対象とした国際協力と能力構築支援を拡大する。
6.b	水と衛生の管理向上における地域コミュニティの参加を支援・強化する。
目標7：すべての人々の、安価かつ信頼できる持続可能な近代的エネルギーへのアクセスを確保する	
7.1	2030年までに、安価かつ信頼できる現代的エネルギーサービスへの普遍的アクセスを確保する。
7.2	2030年までに、世界のエネルギーミックスにおける再生可能エネルギーの割合を大幅に拡大させる。
7.3	2030年までに、世界全体のエネルギー効率の改善率を倍増させる。

7.a	2030年までに、再生可能エネルギー、エネルギー効率及び先進的かつ環境負荷の低い化石燃料技術などのクリーンエネルギーの研究及び技術へのアクセスを促進するための国際協力を強化し、エネルギー関連インフラとクリーンエネルギー技術への投資を促進する。
7.b	2030年までに、各々の支援プログラムに沿って開発途上国、特に後発開発途上国及び小島嶼開発途上国、内陸開発途上国のすべての人々に現代的で持続可能なエネルギーサービスを供給できるよう、インフラ拡大と技術向上を行う。

**目標8:包摂的かつ持続可能な経済成長、及びすべての人々の完全
かつ生産的な雇用と働きがいのある人間らしい雇用(ディーセント・ワーク)を促進する**

8.1	各国の状況に応じて、一人当たり経済成長率を持続させる。特に後発開発途上国は少なくとも年率7%の成長率を保つ。
8.2	高付加価値セクターや労働集約型セクターに重点を置くことなどにより、多様化、技術向上及びイノベーションを通じた高いレベルの経済生産性を達成する。
8.3	生産活動や適切な雇用創出、起業、創造性及びイノベーションを支援する開発重視型の政策を促進するとともに、金融サービスへのアクセス改善などを通じて中小零細企業の設立や成長を奨励する。
8.4	2030年までに、世界の消費と生産における資源効率を漸進的に改善させ、先進国主導の下、持続可能な消費と生産に関する10年計画枠組みに従い、経済成長と環境悪化の分断を図る。
8.5	2030年までに、若者や障害者を含むすべての男性及び女性の、完全かつ生産的な雇用及び働きがいのある人間らしい仕事、ならびに同一労働同一賃金を達成する。
8.6	2020年までに、就労、就学及び職業訓練のいずれも行っていない若者の割合を大幅に減らす。
8.7	強制労働を根絶し、現代の奴隷制、人身売買を終らせるための緊急かつ効果的な措置の実施、最悪な形態の児童労働の禁止及び撲滅を確保する。2025年までに児童兵士の募集と使用を含むあらゆる形態の児童労働を撲滅する。
8.8	移住労働者、特に女性の移住労働者や不安定な雇用状態にある労働者など、すべての労働者の権利を保護し、安全・安心な労働環境を促進する。
8.9	2030年までに、雇用創出、地方の文化振興・産品販促につながる持続可能な観光業を促進するための政策を立案し実施する。
8.10	国内の金融機関の能力を強化し、すべての人々の銀行取引、保険及び金融サービスへのアクセスを促進・拡大する。
8.a	後発開発途上国への貿易関連技術支援のための拡大統合フレームワーク(EIF)などを通じた支援を含む、開発途上国、特に後発開発途上国に対する貿易のための援助を拡大する。
8.b	2020年までに、若年雇用のための世界的戦略及び国際労働機関(ILO)の仕事に関する世界協定の実施を展開・運用化する。

**目標9:強靱(レジリエント)なインフラ構築、
包摂的かつ持続可能な産業化の促進及びイノベーションの推進を図る**

9.1	すべての人々に安価で公平なアクセスに重点を置いた経済発展と人間の福祉を支援するために、地域・越境インフラを含む質の高い、信頼でき、持続可能かつ強靱(レジリエント)なインフラを開発する。
9.2	包摂的かつ持続可能な産業化を促進し、2030年までに各国の状況に応じて雇用及びGDPに占める産業セクターの割合を大幅に増加させる。後発開発途上国については同割合を倍増させる。

9.3	特に開発途上国における小規模の製造業その他の企業の、安価な資金貸付などの金融サービスやバリューチェーン及び市場への統合へのアクセスを拡大する。
9.4	2030年までに、資源利用効率の向上とクリーン技術及び環境に配慮した技術・産業プロセスの導入拡大を通じたインフラ改良や産業改善により、持続可能性を向上させる。すべての国々は各国の能力に応じた取組を行う。
9.5	2030年までにイノベーションを促進させることや100万人当たりの研究開発従事者数を大幅に増加させ、また官民研究開発の支出を拡大させるなど、開発途上国をはじめとするすべての国々の産業セクターにおける科学研究を促進し、技術能力を向上させる
9.a	アフリカ諸国、後発開発途上国、内陸開発途上国及び小島嶼開発途上国への金融・テクノロジー・技術の支援強化を通じて、開発途上国における持続可能かつ強靱（レジリエント）なインフラ開発を促進する。
9.b	産業の多様化や商品への付加価値創造などに資する政策環境の確保などを通じて、開発途上国の国内における技術開発、研究及びイノベーションを支援する。
9.c	後発開発途上国において情報通信技術へのアクセスを大幅に向上させ、2020年までに普遍的かつ安価なインターネット・アクセスを提供できるよう図る。
	**目標10：各国内及び各国間の不平等を是正する**
10.1	2030年までに、各国の所得下位40%の所得成長率について、国内平均を上回る数値を漸進的に達成し、持続させる。
10.2	2030年までに、年齢、性別、障害、人種、民族、出自、宗教、あるいは経済的地位その他の状況に関わりなく、すべての人々の能力強化及び社会的、経済的及び政治的な包含を促進する。
10.3	差別的な法律、政策及び慣行の撤廃、ならびに適切な関連法規、政策、行動の促進などを通じて、機会均等を確保し、成果の不平等を是正する。
10.4	税制、賃金、社会保障政策をはじめとする政策を導入し、平等の拡大を漸進的に達成する。
10.5	世界金融市場と金融機関に対する規制とモニタリングを改善し、こうした規制の実施を強化する。
10.6	地球規模の国際経済・金融制度の意思決定における開発途上国の参加や発言力を拡大させることにより、より効果的で信用力があり、説明責任のある正当な制度を実現する。
10.7	計画に基づき良く管理された移民政策の実施などを通じて、秩序のとれた、安全で規則的かつ責任ある移住や流動性を促進する。
10.a	世界貿易機関（WTO）協定に従い、開発途上国、特に後発開発途上国に対する特別かつ異なる待遇の原則を実施する。
10.b	各国の国家計画やプログラムに従って、後発開発途上国、アフリカ諸国、小島嶼開発途上国及び内陸開発途上国を始めとする、ニーズが最も大きい国々への、政府開発援助（ODA）及び海外直接投資を含む資金の流入を促進する。
10.c	2030年までに、移住労働者による送金コストを3%未満に引き下げ、コストが5%を越える送金経路を撤廃する。
	**目標11：包摂的で安全かつ強靱（レジリエント）で持続可能な都市及び人間居住を実現する**
11.1	2030年までに、すべての人々の、適切、安全かつ安価な住宅及び基本的サービスへのアクセスを確保し、スラムを改善する。
11.2	2030年までに、脆弱な立場にある人々、女性、子ども、障害者及び高齢者のニーズに特に配慮し、公共交通機関の拡大などを通じた交通の安全性改善により、すべての人々に、安全かつ安価で容易に利用できる、持続可能な輸送システムへのアクセスを提供する。

11.3	2030年までに、包摂的かつ持続可能な都市化を促進し、すべての国々の参加型、包摂的かつ持続可能な人間居住計画・管理の能力を強化する。
11.4	世界の文化遺産及び自然遺産の保護・保全の努力を強化する。
11.5	2030年までに、貧困層及び脆弱な立場にある人々の保護に焦点をあてながら、水関連災害などの災害による死者や被災者数を大幅に削減し、世界の国内総生産比で直接的経済損失を大幅に減らす。
11.6	2030年までに、大気の質及び一般並びにその他の廃棄物の管理に特別な注意を払うことによるものを含め、都市の一人当たりの環境上の悪影響を軽減する。
11.7	2030年までに、女性、子ども、高齢者及び障害者を含め、人々に安全で包摂的かつ利用が容易な緑地や公共スペースへの普遍的アクセスを提供する。
11.a	各国・地域規模の開発計画の強化を通じて、経済、社会、環境面における都市部、都市周辺部及び農村部間の良好なつながりを支援する。
11.b	2020年までに、包含、資源効率、気候変動の緩和と適応、災害に対する強靱さ(レジリエンス)を目指す総合的政策及び計画を導入・実施した都市及び人間居住地の件数を大幅に増加させ、仙台防災枠組2015-2030に沿って、あらゆるレベルでの総合的な災害リスク管理の策定と実施を行う。
11.c	財政的及び技術的な支援などを通じて、後発開発途上国における現地の資材を用いた、持続可能かつ強靱(レジリエント)な建造物の整備を支援する。
目標12:持続可能な生産消費形態を確保する	
12.1	開発途上国の開発状況や能力を勘案しつつ、持続可能な消費と生産に関する10年計画枠組み(10YFP)を実施し、先進国主導の下、すべての国々が対策を講じる。
12.2	2030年までに天然資源の持続可能な管理及び効率的な利用を達成する。
12.3	2030年までに小売・消費レベルにおける世界全体の一人当たりの食料の廃棄を半減させ、収穫後損失などの生産・サプライチェーンにおける食品ロスを減少させる。
12.4	2020年までに、合意された国際的な枠組みに従い、製品ライフサイクルを通じ、環境上適正な化学物質やすべての廃棄物の管理を実現し、人の健康や環境への悪影響を最小化するため、化学物質や廃棄物の大気、水、土壌への放出を大幅に削減する。
12.5	2030年までに、廃棄物の発生防止、削減、再生利用及び再利用により、廃棄物の発生を大幅に削減する。
12.6	特に大企業や多国籍企業などの企業に対し、持続可能な取り組みを導入し、持続可能性に関する情報を定期報告に盛り込むよう奨励する。
12.7	国内の政策や優先事項に従って持続可能な公共調達の慣行を促進する。
12.8	2030年までに、人々があらゆる場所において、持続可能な開発及び自然と調和したライフスタイルに関する情報と意識を持つようにする。
12.a	開発途上国に対し、より持続可能な消費・生産形態の促進のための科学的・技術的能力の強化を支援する。
12.b	雇用創出、地方の文化振興・産品販促につながる持続可能な観光業に対して持続可能な開発がもたらす影響を測定する手法を開発・導入する。
12.c	開発途上国の特別なニーズや状況を十分考慮し、貧困層やコミュニティを保護する形で開発に関する悪影響を最小限に留めつつ、税制改正や、有害な補助金が存在する場合はその環境への影響を考慮してその段階的廃止などを通じ、各国の状況に応じて、市場のひずみを除去することで、浪費的な消費を奨励する、化石燃料に対する非効率な補助金を合理化する。

目標13：気候変動及びその影響を軽減するための緊急対策を講じる＊1		
13.1	すべての国々において、気候関連災害や自然災害に対する強靭性(レジリエンス)及び適応の能力を強化する。
13.2	気候変動対策を国別の政策、戦略及び計画に盛り込む。
13.3	気候変動の緩和、適応、影響軽減及び早期警戒に関する教育、啓発、人的能力及び制度機能を改善する。
13.a	重要な緩和行動の実施とその実施における透明性確保に関する開発途上国のニーズに対応するため、2020年までにあらゆる供給源から年間1,000億ドルを共同で動員するという、UNFCCCの先進締約国によるコミットメントを実施するとともに、可能な限り速やかに資本を投入して緑の気候基金を本格始動させる。
13.b	後発開発途上国及び小島嶼開発途上国において、女性や青年、地方及び社会的に疎外されたコミュニティに焦点を当てることを含め、気候変動関連の効果的な計画策定と管理のための能力を向上するメカニズムを推進する
目標14：持続可能な開発のために海洋・海洋資源を保全し、持続可能な形で利用する		
14.1	2025年までに、海洋ごみや富栄養化を含む、特に陸上活動による汚染など、あらゆる種類の海洋汚染を防止し、大幅に削減する。
14.2	2020年までに、海洋及び沿岸の生態系に関する重大な悪影響を回避するため、強靭性(レジリエンス)の強化などによる持続的な管理と保護を行い、健全で生産的な海洋を実現するため、海洋及び沿岸の生態系の回復のための取組を行う。
14.3	あらゆるレベルでの科学的協力の促進などを通じて、海洋酸性化の影響を最小限化し、対処する。
14.4	水産資源を、実現可能な最短期間で少なくとも各資源の生物学的特性によって定められる最大持続生産量のレベルまで回復させるため、2020年までに、漁獲を効果的に規制し、過剰漁業や違法・無報告・無規制(IUU)漁業及び破壊的な漁業慣行を終了し、科学的な管理計画を実施する。
14.5	2020年までに、国内法及び国際法に則り、最大限入手可能な科学情報に基づいて、少なくとも沿岸域及び海域の10パーセントを保全する。
14.6	開発途上国及び後発開発途上国に対する適切かつ効果的な、特別かつ異なる待遇が、世界貿易機関(WTO)漁業補助金交渉の不可欠の要素であるべきことを認識した上で、2020年までに、過剰漁獲能力や過剰漁獲につながる漁業補助金を禁止し、違法・無報告・無規制(IUU)漁業につながる補助金を撤廃し、同様の新たな補助金の導入を抑制する。＊2
14.7	2030年までに、漁業、水産養殖及び観光の持続可能な管理などを通じ、小島嶼開発途上国及び後発開発途上国の海洋資源の持続的な利用による経済的便益を増大させる。
14.a	海洋の健全性の改善と、開発途上国、特に小島嶼開発途上国および後発開発途上国の開発における海洋生物多様性の寄与向上のために、海洋技術の移転に関するユネスコ政府間海洋学委員会の基準・ガイドラインを勘案しつつ、科学的知識の増進、研究能力の向上、及び海洋技術の移転を行う。
14.b	小規模・沿岸零細漁業者に対し、海洋資源及び市場へのアクセスを提供する。
14.c	「我々の求める未来」のパラ158において想起されるとおり、海洋及び海洋資源の保全及び持続可能な利用のための法的枠組みを規定する海洋法に関する国際連合条約(UNCLOS)に反映されている国際法を実施することにより、海洋及び海洋資源の保全及び持続可能な利用を強化する。
目標15：陸域生態系の保護、回復、持続可能な利用の推進、持続可能な森林の経営、砂漠化への対処、ならびに土地の劣化の阻止・回復及び生物多様性の損失を阻止する		

15.1	2020年までに、国際協定の下での義務に則って、森林、湿地、山地及び乾燥地をはじめとする陸域生態系と内陸淡水生態系及びそれらのサービスの保全、回復及び持続可能な利用を確保する。
15.2	2020年までに、あらゆる種類の森林の持続可能な経営の実施を促進し、森林減少を阻止し、劣化した森林を回復し、世界全体で新規植林及び再植林を大幅に増加させる。
15.3	2030年までに、砂漠化に対処し、砂漠化、干ばつ及び洪水の影響を受けた土地などの劣化した土地と土壌を回復し、土地劣化に荷担しない世界の達成に尽力する。
15.4	2030年までに持続可能な開発に不可欠な便益をもたらす山地生態系の能力を強化するため、生物多様性を含む山地生態系の保全を確実に行う。
15.5	自然生息地の劣化を抑制し、生物多様性の損失を阻止し、2020年までに絶滅危惧種を保護し、また絶滅防止するための緊急かつ意味のある対策を講じる。
15.6	国際合意に基づき、遺伝資源の利用から生ずる利益の公正かつ衡平な配分を推進するとともに、遺伝資源への適切なアクセスを推進する。
15.7	保護の対象となっている動植物種の密猟及び違法取引を撲滅するための緊急対策を講じるとともに、違法な野生生物製品の需要と供給の両面に対処する。
15.8	2020年までに、外来種の侵入を防止するとともに、これらの種による陸域・海洋生態系への影響を大幅に減少させるための対策を導入し、さらに優先種の駆除または根絶を行う。
15.9	2020年までに、生態系と生物多様性の価値を、国や地方の計画策定、開発プロセス及び貧困削減のための戦略及び会計に組み込む。
15.a	生物多様性と生態系の保全と持続的な利用のために、あらゆる資金源からの資金の 動員及び大幅な増額を行う。
15.b	保全や再植林を含む持続可能な森林経営を推進するため、あらゆるレベルのあらゆる供給源から、持続可能な森林経営のための資金の調達と開発途上国への十分なインセンティブ付与のための相当量の資源を動員する。
15.c	持続的な生計機会を追求するために地域コミュニティの能力向上を図る等、保護種の密猟及び違法な取引に対処するための努力に対する世界的な支援を強化する。
目標16：持続可能な開発のための平和で包摂的な社会を促進し、すべての人々に司法へのアクセスを提供し、あらゆるレベルにおいて効果的で説明責任のある包摂的な制度を構築する	
16.1	あらゆる場所において、すべての形態の暴力及び暴力に関連する死亡率を大幅に減少させる。
16.2	子どもに対する虐待、搾取、取引及びあらゆる形態の暴力及び拷問を撲滅する。
16.3	国家及び国際的なレベルでの法の支配を促進し、すべての人々に司法への平等なアクセスを提供する。
16.4	2030年までに、違法な資金及び武器の取引を大幅に減少させ、奪われた財産の回復及び返還を強化し、あらゆる形態の組織犯罪を根絶する。
16.5	あらゆる形態の汚職や贈賄を大幅に減少させる。
16.6	あらゆるレベルにおいて、有効で説明責任のある透明性の高い公共機関を発展させる。
16.7	あらゆるレベルにおいて、対応的、包摂的、参加型及び代表的な意思決定を確保する。
16.8	グローバル・ガバナンス機関への開発途上国の参加を拡大・強化する。
16.9	2030年までに、すべての人々に出生登録を含む法的な身分証明を提供する。
16.1	国内法規及び国際協定に従い、情報への公共アクセスを確保し、基本的自由を保障する。
16.a	特に開発途上国において、暴力の防止とテロリズム・犯罪の撲滅に関するあらゆるレベルでの能力構築のため、国際協力などを通じて関連国家機関を強化する。

16.b	持続可能な開発のための非差別的な法規及び政策を推進し、実施する。

目標17: 持続可能な開発のための実施手段を強化し、グローバル・パートナーシップを活性化する	
17.1	課税及び徴税能力の向上のため、開発途上国への国際的な支援なども通じて、国内資源の動員を強化する。
17.2	先進国は、開発途上国に対するODAをGNI比0.7%に、後発開発途上国に対するODAをGNI比0.15~0.20%にするという目標を達成するとの多くの国によるコミットメントを含むODAに係るコミットメントを完全に実施する。ODA供与国が、少なくともGNI比0.20%のODAを後発開発途上国に供与するという目標の設定を検討することを奨励する。
17.3	複数の財源から、開発途上国のための追加的資金源を動員する。
17.4	必要に応じた負債による資金調達、債務救済及び債務再編の促進を目的とした協調的な政策により、開発途上国の長期的な債務の持続可能性の実現を支援し、重債務貧困国(HIPC)の対外債務への対応により債務リスクを軽減する。
17.5	後発開発途上国のための投資促進枠組みを導入及び実施する。

技術【軍科協、国地環境、国地総:全般】	
17.6	科学技術イノベーション(STI)及びこれらへのアクセスに関する南北協力、南南協力及び地域的・国際的な三角協力を向上させる。また、国連レベルをはじめとする既存のメカニズム間の調整改善や、全世界的な技術促進メカニズムなどを通じて、相互に合意した条件において知識共有を進める。
17.7	開発途上国に対し、譲許的・特恵的条件などの相互に合意した有利な条件の下で、環境に配慮した技術の開発、移転、普及及び拡散を促進する。
17.8	2017年までに、後発開発途上国のための技術バンク及び科学技術イノベーション能力構築メカニズムを完全運用させ、情報通信技術(ICT)をはじめとする実現技術の利用を強化する。

能力構築【国協企、国協総】	
17.9	すべての持続可能な開発目標を実施するための国家計画を支援するべく、南北協力、南南協力及び三角協力などを通じて、開発途上国における効果的かつ的をしぼった能力構築の実施に対する国際的な支援を強化する。

貿易【経国貿】	
17.10	ドーハ・ラウンド(DDA)交渉の結果を含めたWTOの下での普遍的でルールに基づいた、差別的でない、公平な多角的貿易体制を促進する。
17.11	開発途上国による輸出を大幅に増加させ、特に2020年までに世界の輸出に占める後発開発途上国のシェアを倍増させる。
17.12	後発開発途上国からの輸入に対する特恵的な原産地規則が透明で簡略的かつ市場アクセスの円滑化に寄与するものとなるようにすることを含む世界貿易機関(WTO)の決定に矛盾しない形で、すべての後発開発途上国に対し、永続的な無税・無枠の市場アクセスを適時実施する。

体制面【国地総】 政策・制度的整合性	
17.13	政策協調や政策の首尾一貫性などを通じて、世界的なマクロ経済の安定を促進する。
17.14	持続可能な開発のための政策の一貫性を強化する。
17.15	貧困撲滅と持続可能な開発のための政策の確立・実施にあたっては、各国の政策空間及びリーダーシップを尊重する。

体制面【国地総】 マルチステークホルダー・パートナーシップ	
17.16	すべての国々、特に開発途上国での持続可能な開発目標の達成を支援するべく、知識、専門的知見、技術及び資源源を動員、共有するマルチステークホルダー・パートナーシップによって補完しつつ、持続可能な開発のためのグローバル・パートナーシップを強化する。

17.17	さまざまなパートナーシップの経験や資源戦略を基にした、効果的な公的、官民、市民社会の パートナーシップを奨励・推進する。
	データ、モニタリング、説明責任
17.18	2020年までに、後発開発途上国及び小島嶼開発途上国を含む開発途上国に対する能力構築 支援を強化し、所得、性別、年齢、人種、民族、居住資格、障害、地理的位置及びその他各国事 情に関連する特性別の質が高く、タイムリーかつ信頼性のある非集計型データの入手可能性を 向上させる。
17.19	2030年までに、持続可能な開発の進捗状況を測るGDP以外の尺度を開発する既存の取組を更 に前進させ、開発途上国における統計に関する能力構築を支援する。
	＊1 国連気候変動枠組条約(UNFCCC)が、気候変動への世界的対応について交渉を行う基本的な国 際的、政府間対話の場であると認識している。 ＊2 現在進行中の世界貿易機関(WTO)交渉およびWTOドーハ開発アジェンダ、ならびに香港閣僚宣言 のマンデートを考慮。

（出展：外務省 H.P.「持続可能な開発のための 2030 アジェンダ」を基に著者作成）

　第 2 節から第 6 節までの事例考察により、OVOP の海外での展開の方向性をまとめると次のようになる。

・OVOP は、本来の目的である「人づくり、地域づくり」を通して、「地域の資源・人材・文化・歴史条件の最大限の活用」した「環境に優しく商業的に持続可能な製品の生産」を、「住民参加と創造性、ビジネスマインドの促進」や「女性の潜在能力を活用」して行う。

・これにより、「地域の経済活動の活性化」され、「地域の所得および生活水準の向上」が実現する。

・また OVOP では、「地域住民の自助努力支援」を受けて、「ステップ・バイ・ステップ・アプローチ」により「市場主義による高付加価値製品の生産」へと発展する。OVOP により「地域の雇用機会の創出」が実現し、「都市から地方への『Uターン』促進（特に若年労働者）」につながり、地域は持続可能な発展を実現する。

　OVOP による地域づくりは、SDG s 目標 1 の「貧困に終止符」を打ち、目標 2 の「飢餓を終わらせ、食料安全保障及び栄養改善を実現し、持続可能な農業を促進する」ことが基本にあると考えることができる。食料安全保障及び栄養改善が実現すると、目標 3 の「人々の健康的な生活を確保し、福祉を促進する」ことにつながる。

　そして、OVOP による人づくりは、SDG s 目標 4 の「公正な質の高い教

育を確保し、生涯学習の機会を促進する」ことに支えられる。これには大分県が進めた「豊の国づくり塾」が見本になるが、若手母子家庭の就業応援やOVOPに取り組む女性起業家の支援があるが、これは目標5の「すべての女性及び女児の能力強化を行う」になる。

　エルサルバドルにおけるOVOPは、JICAの協力により進められている。これまでの活動としては、CONAMYPEの職員や地域アクターの人材育成に注力しつつ、OVOP運動を促進するための制度化が進んでいる。そして、エルサルバドル国内の地域間でのグッドプラクティス視察・交流会の定期的な開催やオンパクのガイドブック及び機関紙の作成、経営管理や地域ブランド育成にかかる技術支援、アンテナショップ、オンパク、地域フェアの開催等を通じた地域産品（農産物加工や工芸品）と観光資源の市場開拓支援等も展開していきている。

　エルサルバドルでのOVOPは、SDGs目標8の「持続可能な経済成長及びすべての人々の完全かつ生産的な雇用と働きがいのある人間らしい雇用」、目標9の「持続可能な産業化の促進及びイノベーションの推進」の実現が図られている。

　またエルサルバドルのOVOPは、2012〜2016年度の取組みを踏まえて、この運動を中央アメリカ周辺国・地域のモデルとして確立するため、1年間の延長要請がCONAMYPEからなされた。これにより、参加した国では、中央アメリカにおけるOVOPビジネスのモデルを確立するために、地域ブランド制度の構築が図られた。

　これはSDGs目標16の「持続可能な開発のための平和で包摂的な社会を促進し、すべての人々に司法へのアクセスを提供し、あらゆるレベルにおいて効果的で説明責任のある包摂的な制度を構築する」、目標17の「持続可能な開発のための実施手段を強化し、グローバル・パートナーシップを活性化する」に該当することになる。

　目標17「パートナーシップで目標を達成しよう」において、目標達成のために何を行うべきか。記されているターゲットには、資金、技術、能力構築、貿易、政策・制度的整合性、マルチステークホルダー・パートナーシップ、データ、モニタリング、説明責任などがある。

8　まとめ

　日本によるOVOPの国際的イニシアチブにおいて、30か国以上でOVOP
が国家政策や援助プロジェクトとして導入されている。そしてOVOPによ
る海外展開では、OVOPの人づくり、地域づくりという理念が再度確認され
る必要がある。

　また海外で展開されるOVOPでは、「一村一品」という言葉が想起させる
誤解があると考えられる。それは1つはOVOPを「産品を1つに特化させ
てその生産規模を拡大させる戦略」と受けとること。次にOVOPを地域産
業振興のための唯一の処方箋と位置づけ、すべての課題を一村一品運動で解
決しようとすること。そして、OVOPを海外へ伝えたのは、平松知事を筆頭
とした大分県の行政官やJICA職員であり、伝えられた側もそのほとんどが
行政官（多くは中央政府の行政官）であることである。

　OVOPが持続可能な地域づくりとして成功する要因としては大分県で行
われたことが参考になると考えられる。1つは、商品開発が主目的ではな
く、地域開発が主目的となるということ。そして、大分県が実施した一村一
品運動では、徹底した「人づくり」を行ったこと。また、開発すべき商品品
目は、1つの村に対し1つではないということ。最後に、OVOPの "P" は、
one productではなくone prideを村で持とうとすることが挙げられる。

　海外で展開されるOVOPにはその理念と政策を検索できるチェックシー
トが有用であるが、2015年9月の国連総会においてSDG sの世界を変え
るための17の目標とそれを達成するための具体的な169のターゲットが最
も適した道具になると考えられる。なぜなら、OVOPの取組みは、SDGs目
標17のすべてに含まれているからである。

　特に開発途上国における目標1「貧困をなくそう」、目標2「飢饉をゼロ
に」、目標3「すべての人に健康と福祉を」、目標4「質の高い教育をみんな
に」、目標5「ジェンダー平等を実現しよう」、目標8「働きがいも経済成長も」、
目標9「産業と技術革新の基盤をつくろう」、目標16「平和と公正をすべて
の人に」、目標17「パートナーシップで目標を達成しよう」について有用な

事業であることが明らかになった。

参考文献

・中小企業基盤整備機構（2012）「女性の潜在能力を活用した一村一品運動」
・吉田栄一（2006）「海外へ伝えられる一村一品運動　第 7 章マラウイにおける一村一品運動と地域振興をめぐる政治」『一村一品運動と開発途上国：日本の地域振興はどう伝えられたか』日本貿易振興機構アジア経済研究所

引用

1　2005 年 12 月の WTO 香港閣僚会議では、小泉首相（当時）によって日本政府の途上国支援策である「開発イニシアチブ」が発表された。経済産業省とジェトロは、その取組みの 1 つとして、2006 年 2 月から、開発途上国「一村一品」キャンペーンを関係機関と連携して開始した。

2　Strategy foe Reinvigorating Economic Growth with Dual Engine : SME and Asia-Pacific Economy in APEC

3　マラウイのバキリ・ムルジ大統領は、第 3 回アフリカ開発会議（TICAD 3）に出席のため 2003 年 9 月 28 日来日した。大統領は同夜、小泉総理大臣と首脳会談を行い、翌 29 日から 10 月 1 日まで TICAD3 会議に出席後、2 日から 4 日まで大分県を訪問した。

4　ムルジ大統領は 2003 年の訪日の際、自ら大分県を訪れその実体と成果を見学しマラウイにおいて全国規模でこれを実施する政治決断をした。マラウイでは OVOP の発足ワークショップが大統領の出席の下、日本の支援により 11 月 11、12 の両日においてマラウイ最大の都市で商業の中心地であるブランタイアで開かれた。

5　日本政府が国際連合、国際連合開発計画、アフリカ連合委員会、世界銀行との共催で開催した。1993 年に初めて開催された。TICAD 閣僚レベル会合なども経て、2013 年までは 5 年ごと、それ以降は 3 年ごとに会議が行われている。

6　吉田栄一（2006）「海外へ伝えられる一村一品運動　第 7 章マラウイにおける一村一品運動と地域振興をめぐる政治」『一村一品運動と開発途上国：日本の地域振興はどう伝えられたか』日本貿易振興機構アジア経済研究所、p 175-199

7　JICA　H.P.：http://www.jica.go.jp/activities/schemes/tr_japan/summary/keiken01.html

8 　人の森通信 2010/04/13 号 https://hitonomori.com/archives/10041301.html

9 　同掲書 8.

10 　大分県 H.P.「新規就業・経営体支援課の事業概要」https://www.pref.oita.jp/uploaded/
life/2033446_2238686_misc.pdf

SDGsを基盤としたSociety5.0と
OVOPビジネスの技術革新

【要旨】

本章では、IoT、AI 等の先端技術導入による地方創生を推進する OITA4.0
を題材に、日本政府による SDGs アクションプランにおける 3 本の柱との対
比を行った。その結果、OITA4.0 において認定されたプロジェクトでは、全
体の 3/4 が「SDGs と連動する "Society5.0" の推進」に該当するプロジェク
トであり、「SDGs を原動力とした地方創生、強靭かつ環境に優しい魅力的な
まちづくり」が残りの 1/4 であった。

しかし 3 つ目の柱である「SDGs と連動する "Society5.0" の推進 SDGs の
担い手として次世代・女性のエンパワーメント」に該当するプロジェクトは
なかった。

OVOP の担い手としての女性の役割は、OVOP を立ち上げた平松知事の取
組で必要性が実証された政策であったため、OITA4.0 においてもこれからの
プロジェクト認定において、女性の力を活用することをテーマとしたプロ
ジェクトが、政策的に認定されることが期待される。

また Society 5.0 では、1 人ひとりの人間が中心となる社会が実現される
ために、日本のみならず世界の様々な課題の解決にも通じるもので、SDGs
の 2030 アジェンダの達成にも通じることが理解できた。

キーワード：SDGs アクションプラン、Society5.0、OVOP

1　はじめに

　日本、そして世界を取り巻く環境は大きな変革期にあるといえる。地域により格差はあるものの、経済発展が進む中、人々の生活は便利で豊かになり、エネルギーや食料の需要が増加し、寿命の延伸が達成され、高齢化が進んでいる。また、経済のグローバル化が進み、国際的な競争も激化し、富の集中や地域間の不平等といった面も生じてきている。

　これら経済発展に相反（トレードオフ）して解決すべき社会的課題は複雑化してきており、温室効果ガス（GHG = Greenhouse Gas）排出の削減、食料の増産やロスの削減、高齢化などに伴う社会コストの抑制、持続可能な産業化の推進、富の再配分や地域間の格差是正といった対策が必要になってきている。

　2015 年 9 月、「我々の世界を変革する：持続可能な開発のための 2030 アジェンダ」と題する成果文書で示された 2030 年に向けた具体的行動指針（SDGs）が国連総会で採択された。しかしながら、現在の社会システムでは、経済発展と社会的課題の解決を両立することは困難な状況になっている。

　このように世界が大きく変化する一方で、IoT、ロボット、人工知能、ビッグデータといった社会のあり方に影響を及ぼす新たな技術の進展している。

　世界の技術革新の状況を見ると、ドイツのインダストリー 4.0 [1]、アメリカの GE のインダストリアルインターネット [2]、Uber [3] や Airbnb [4] などのシェアリングエコノミー [5] まで、IT 技術を活用したビジネスモデルが次々と勃興しており、第 4 次産業革命 [6]（4IR = Fourth Industrial Revolution）ともいわれる状況にある。

　日本では「未来投資戦略 2017 [7]」において、4IR のイノベーションをあらゆる産業や社会生活に取り入れることで、経済発展と社会的課題の解決を両立していく新たな社会である Society 5.0 の実現を目指す方針が打ち出されている。

　本研究では、日本政府による SDGs アクションプランで掲げられた戦略である 3 本の柱を基盤に、大分県で進められている OITA4.0 の取組みを、3 本の柱のカテゴリーと対比して考察を行う。

2　日本政府による SDGs

　2015 年に SDGs が採択された後、その実施に向け日本政府はまず国内の基盤整備に取り組んだ。2016 年 5 月に総理大臣を本部長、官房長官と外務大臣を副本部長とし、全閣僚を構成員とする「SDGs 推進本部」を設置して、国内実施と国際協力の両面で率先して取り組む体制を整えた。

　さらに、この本部の下で、行政、民間セクター、NGO・NPO、有識者、国際機関、各種団体等を含む幅広いステークホルダーによって構成される「SDGs 推進円卓会議」における対話を経て、同年 12 月に今後の日本の取組の指針となる「SDGs 実施指針」を決定した。

　また、2019 年 12 月の第 8 回推進本部会合では、2016 年の策定以降初めて「SDGs 実施指針」の改定が行われ、2020 年の SDGs 推進のための具体的施策をとりまとめた「SDGs アクションプラン 2020」が決定された[8]。

2-1. SDGs アクションプラン

　日本政府による SDGs アクションプランの改定は、現状の評価から始められた。2015 年の SDGs 採択以来、世界規模で様々なステークホルダーが行動を起こし、SDGs 達成に向けた多大な努力が行われ、取組みが進展している。しかし、その一方で、いくつかの課題への対応に遅れが見られており、日本としても国全体で危機感を共有し、更なる取組みを進めることが必要であった。

　2019 年 9 月に開催された SDGs サミット[9]においても、国連から、「取組みは進展したが、達成状況に偏りや遅れがあり、あるべき姿からは程遠く、今取組みを拡大・加速しなければならず、2030 年までを SDGs 達成に向けた『行動の 10 年』とする必要がある」との危機感が表明された。

　そして、同サミットの成果文書「SDG サミット政治宣言」においても、「極度の貧困、子どもの死亡率、電気・水へのアクセス等で進展が見られる一方、飢餓、ジェンダー、格差、生物多様性、環境破壊、海洋プラスチックごみ、気候変動、災害リスクへの対応に遅れが見られる」との現状分析がなされている[10]。

【図表 27　SDG ｓアクションプラン 2020「3 本の柱」】

I. ビジネスとイノベーション 〜SDGsと連動する「Society 5.0」の推進〜	II. SDGsを原動力とした地方創生、 強靱かつ環境に優しい魅力的なまちづくり	III. SDGsの担い手としての 次世代・女性のエンパワーメント
ビジネス ▶ 企業経営へのSDGsの取り込み及びESG投資を後押し。 ▶「Connected Industries」の推進 ▶ 中小企業のSDGs取組強化のための関係団体・地域、金融機関との連携を強化。 **科学技術イノベーション（STI）** ▶STI for SDGsロードマップ策定と、各国のロードマップ策定支援。 ▶STI for SDGsプラットフォームの構築。 ▶研究開発成果の社会実装化の推進。 ▶バイオ戦略の推進による持続可能な循環型社会の実現（バイオエコノミー）。 ▶スマート農林水産業の推進。 ▶「Society5.0」を支えるICT分野の研究開発、AI、ビッグデータの活用。	**地方創生の推進** ▶ SDGs未来都市、地方創生SDGs官民連携プラットフォームを通じた民間参画の促進、地方創生SDGs国際フォーラムを通じた普及展開 ▶「地方創生SDGs金融」を通じた「自律的好循環」の形成に向け、SDGsに取り組む地域事業者等の登録・認証制度等を推進 **強靱なまちづくり** ▶防災・減災、国土強靱化の推進、エネルギーインフラ強化やグリーンインフラの推進 ▶質の高いインフラの推進 **循環共生型社会の構築** ▶東京オリンピック・パラリンピックに向けた持続可能性の配慮 ▶「大阪ブルー・オーシャン・ビジョン」実現に向けた海洋プラスチックごみ対策の推進 ▶地域循環共生圏づくりの促進。 ▶「パリ協定長期成長戦略」に基づく施策の実施。	**次世代・女性のエンパワーメント** ▶ 働き方改革の着実な実施 ▶ あらゆる分野における女性の活躍推進 ▶ダイバーシティ・バリアフリーの推進 ▶「次世代のSDGs推進プラットフォーム」の内外での活動を支援。 **「人づくり」の中核としての保健、教育** ▶ 東京オリンピック・パラリンピックを通じたスポーツSDGsの推進。 ▶ 新学習指導要領を踏まえた持続可能な開発のための教育（ESD）の推進。 ▶ ユニバーサル・ヘルス・カバレッジ（UHC）の推進。 ▶ 東京栄養サミット2020の開催、食育の推進。

国際社会 への展開	2020年に開催される、京都コングレス(4月)、2020年東京オリンピック・パラリンピック競技大会(7月〜9月)、アジア・太平洋水サミット(10月)、東京栄養サミット2020(時期調整中)等の機会も活用し、国際社会に日本のSDGsの取組を共有・展開していく。

（出典：SDGs 推進本部（2019 年 12 月）「SDGs アクションプラン 2020：〜 2030 年の目標達成に向けた『行動の 10 年』の始まり〜」p 1 の図を基に著者作成）

　SDGs アクションプラン 2020 で掲げられた 3 つのポイントは次のとおりである[11]。

①日本は、豊かで活力のある「誰一人取り残さない」社会を実現するため、1 人ひとりの保護と能力強化に焦点を当てた「人間の安全保障」の理念に基づき、世界の「国づくり」と「人づくり」に貢献。SDGs の力強い担い手たる日本の姿を国際社会に示す。

②「SDGs アクションプラン 2020」では、改定された SDGs 実施指針の下、今後の 10 年を 2030 年の目標達成に向けた「行動の 10 年」とす べく、2020 年に実施する政府の具体的な取組を盛り込んだ。

③国内実施・国際協力の両面において、次の 3 本柱を中核とする「日本SDGs モデル」の展開を加速化していく（図 27 参照）。

2-2．SDGs アクションプラン 2020 の 3 本の柱

　日本政府は、2018 年に策定した SDGs アクションプラン以来、3 度にわたって 3 本の柱の更新を行っている。SDGs アクションプラン 2018、2019

の３本の柱は次の３つであった（図表 28、29 参照）。

Ⅰ　SDGs と連動する「Society5.0」の推進

Ⅱ　12SDGs を原動力とした地方創生、強靱かつ環境に優しい魅力的なまちづくり

Ⅲ　SDGs の担い手として次世代・女性のエンパワーメント

　改定された 2020 版では、３本の柱のⅠに「ビジネスとイノベーション」という言葉が付け加えられている。それぞれの柱の内容にもターゲットが追加され、国際社会への展開もより具体的なスケジュールとイベントが記されている。

【図 28　SDGs アクションプラン 2018 の「３本の柱」】

【図 29　SDGs アクションプラン 2019 の「３本の柱」】

（出典：図表 28、29 とも SDGs 推進本部（2018 年 12 月）「SDGs アクションプラン 2019：
〜 2019 年に日本の『SDGs モデル』の発信を目指して〜」ｐ 1 の図を基に著者作成）。

2-3. Society5.0 の推進

　Society5.0 は、サイバー空間（仮想空間）とフィジカル空間（現実空間）を高度に融合させたシステムにより、経済発展と社会的課題の解決を両立する、人間中心の社会（Society）と定義されている[12]。

　図表 30 に示されているとおり、Society5.0 は、狩猟社会（Society 1.0）、農耕社会（Society 2.0）、工業社会（Society 3.0）、情報社会（Society 4.0）に続く、新たな社会を指すもので、第 5 期科学技術基本計画において我が国が目指すべき未来社会の姿として初めて提唱された[13]。

　これまでの情報社会（Society 4.0）では知識や情報が共有されず、分野横断的な連携が不十分である問題があった。人が行う能力に限界があるため、溢れる情報から必要な情報を見つけて分析する作業が負担であることや、年齢や障害などによる労働や行動範囲に制約があった。また、少子高齢化や地方の過疎化などの課題に様々な制約があり、十分に対応することが困難であった。

　Society 5.0 で実現する社会は、IoT（Internet of Things）で全ての人とモノがつながり、様々な知識や情報が共有され、今までにない新たな価値を生み出すことで、これらの課題や困難を克服することが目標になる（図表 31）。

【図表 30　Society5.0 とは何か】

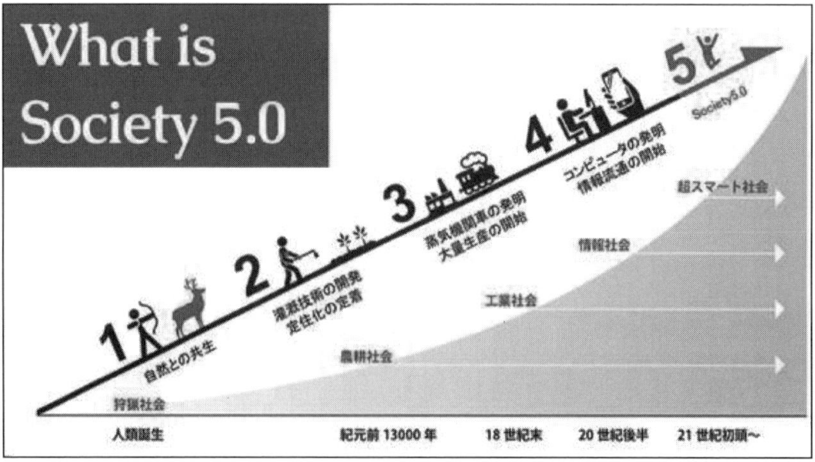

（出典：経団連 H.P.「Society5.0 for SDGs」図より転載）

【図31　Society5.0で実現する社会】

（出典：日本政府内閣府 H.P.「科学技術政策」図より転載。https://www8.cao.go.jp/cstp/society5_0/）

　また、人工知能（AI）により、必要な情報が必要な時に提供されるようになり、ロボットや自動走行車などの技術で、少子高齢化、地方の過疎化、貧富の格差などの課題が克服されると考えられる。

　Society5.0 は、社会の変革（イノベーション）を通じて、これまでの閉塞感を打破し、希望の持てる社会、世代を超えて互いに尊重し合あえる社会、1人ひとりが快適で活躍できる社会となることを目指している。

3　大分県版第4次産業革命 OITA 4.0 への挑戦

　大分県で1979年から平松知事によって2003年まで主導されたOVOPは、続く広瀬知事により2019年まで「大分県版第4次産業革命 OITA4.0」として新たな展開が行われた（図表32参照）。そこでは大分県 IoT 推進ラボという認定制度を立ち上げ、県内企業が参画する IoT 等のプロジェクトや、製

品、サービスを認定することにより、IoT 等の活用に積極的に挑戦する県内企業の支援が行われている。

3-1. 大分県 IoT 推進ラボ

　大分県では、これまで築いてきた産業基盤をベースに、IoT や AI、ドローンなどの革新的技術を取り込んだプロジェクトの創出や製品・サービス開発を進めるとともに、それを支える IT 人材を企業に供給する基盤づくりを行うことにより、革新的技術の活用による県産業の新たな活力を創出することを目指している。

　そのために大分県では、様々な地域の課題（ニーズ）と IoT、AI、ロボット、センサなどの革新的技術やアイデア（シーズ）をマッチングし、IoT などのプロジェクトを創出するため、2017 年 6 月に大分県 IoT 推進ラボが設置された。このラボでは、県内の産学官の関係者をメンバーとする運営委員会を置くほか、県外の専門家等を戦略アドバイザーや顧問に迎え、プロジェクト創出等についての助言を受ける体制が整えられている（図表 33 参照）。

【図表 32　大分県 IoT 推進ラボによる OITA4.0 の具体化】

（出典：大分県 H.P.「大分県版第 4 次産業革命「OITA 4.0」への挑戦」）

https://www.pref.oita.jp/site/oita-iot-lab/

【図 33 革新的技術の活用による県産業の新たな活力創出】

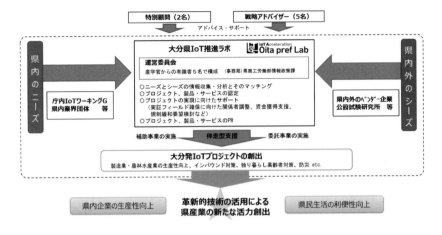

(出典：大分県 H.P.「大分県版第 4 次産業革命「OITA 4.0」への挑戦」)

https://www.pref.oita.jp/site/oita-iot-lab/

　大分県 IoT 推進ラボでは、プロジェクト、製品、サービスの認定制度を立ち上げ、県内企業が参画する IoT 等のプロジェクトや、製品、サービスを認定することで、IoT 等の活用に積極的に挑戦する県内企業を支援している。

3-2. OITA4.0 において推進されるプロジェクト

　大分県 IoT 推進ラボは、2018 年 10 月時点で 8 分野 46 件の認定を行っている。

　分野別で見ると、製造業分野が 5 件、農林水産業分野が 11 件、環境・エネルギー分野が 1 件、建設・防災分野が 7 件、医療・福祉分野が 9 件、観光・交通分野が 5 件、商業・流通・サービス業分野が 7 件、官公庁分野が 1 件となっている。

　また、Society5.0 では、トレードオフにある経済発展と社会的課題の解決について、図表 34 に示す 4 つのカテゴリーが提示されている。

　本節では、OITA4.0 の 8 分野について、Society5.0 でのトレードオフのカテゴリーに当てはめることで、OITA4.0 におけるトレードオフの取組みを考

察した。

　この場合、Society5.0のトレードオフのカテゴリーは、図表34に示す Society5.0トレードオフのカテゴリーに「地方創生の推進」+「強靭なまちづくり」を加えた5つのカテゴリーとする（図表35参照）。

【図表34　新たな価値で経済発展と社会的課題の解決を両立させる】

（出典：日本政府内閣府H.P.「科学技術政策」図より転載）。

https://www8.cao.go.jp/cstp/society5_0/)

【図表35　Society5.0のトレードオフカテゴリー】

カテゴリー	Society5.0のトレードオフ
A	「予防検診・ロボット介護」+「健康寿命延伸・社会コストの抑制」
B	「エネルギーの多様化・地産地消」+「安定的確保、温室効果ガス排出削減」
C	「農作業の自動化・最適な配送」+「食料の増産・ロスの削減」
D	「最適なバリューチェーン・自動生産」+「持続可能な産業化の推進・人手不足解消」
E	「地方創生の推進」+「強靭なまちづくり」

（出典：著者作成）

　次に、図表36において、大分県IoT推進ラボに認定された46のプロジェクト別にトレードオフのカテゴリーを確認する。

No.	プロジェクト名	カテゴリー	地域課題・テーマ	プロジェクト概要
1	もやし製造業におけるIoT生産ソリューションの構築	C	人手不足に対応する食品製造業の生産管理の最適化・省力化	AIやロボットによるもやしの不良品選別機能や荷造機能の最適化機能を備えた生産管理システムの構築
2	牛の授精適期判定のためのセンサシステムの開発	C	畜産経営体の大規模化を可能にする作業従事者の労働負担軽減と生産性の向上	つなぎ飼い方式の牛の発情発見率の向上につながるセンサシステムの開発による管理コストの低減と受胎率向上・子牛生産頭数の増
3	トマト出荷予測に向けたセンサ類の開発及び実証プロジェクト	C	トマト栽培における温度管理負担の軽減と出荷予測による価格交渉力の向上	シンプルなセンサ技術で収集した温度等の環境データ分析による栽培環境管理・出荷時期予測システムの構築
4	病害虫検索システム	C	農作物の病害虫対策の迅速化	病害虫に関する報告書類等のデータベース化、及びそのデータベースを活用したチャットボット等データ検索システムの開
5	姫島スマート農業プロジェクト	C	水利条件不利地域における給水(運搬・散水)、圃場管理等の省力化	湿度等の栽培環境をセンシングし、遠隔で管理するシステム、効率的に給水する給水装置の開発
6	農業被害対策用IoT検知システム	C	鳥獣駆除に係る箱ワナ設置管理負担の軽減	ドア開閉センサによる箱ワナ作動状態データの収集とスマートフォンなどへの通知システムによる見回り回数の低減や夜間監視の実現
7	害獣見える化IoT	C	鳥獣駆除に要する見回りコストの軽減	ワナに設置したセンサデータの低消費電力長距離無線通信による送信と捕獲データ等の蓄積・分析システムの構築
8	地域活性化に貢献するIoTを活用したシェアサイクリングシステムの構築	E	大分市内の慢性的な交通渋滞の緩和及び広域交通(バス、鉄道等)の利便性向上	ポート(拠点駐輪場)に配置されている自転車を借りて、目的地付近のポートに返却できるシェアサイクリングシステムの構築
9	"ちいき・げんき"見える化プロジェクト(みえプロ)	E	地理情報の有効活用による防災対策、インフラ管理等の効率化	レーザー計測による3次元地理情報、各種センサによる計測データ、自治体保有の基礎データなどをプラットフォーム化(集約・共有)することにより、防災対策工事や、インフラの維持管理業務の効率化に役立つソリューションを提供
10	IoT活用による災害時在宅避難者支援実証事業	E	災害停電時の自宅電源確保と避難所混雑回避	自立型電源(エネファーム、太陽光発電&蓄電池)のネットワーク化による設置場所と稼働状況(ライフライン)の見える化

11	中小物流事業者の在庫管理・発注システム自動化	D	物流業における在庫管理、発注業務等のマンパワー依存に起因する作業過多・ミスの削減	ICタグを活用した自動在庫管理・発注システムの構築によるコスト削減
12	IoT物流管理プロジェクト	D	船舶運送業務を含めた運送業務の効率化	船舶に積み込むシャーシへのGPS機能搭載で得られる位置情報から、物資管理の正確性を高め運送業務全体の効率化
13	IoT・AIを活用した医療介護支援システムの研究開発	A	医療・介護現場の作業負担軽減と高齢者の健康維持、病状悪化の早期把握	検温等記録作業自動化による介護負担の軽減、及びAIを活用したバイタルデータ異常検知システムの基礎的検討
14	在宅高齢者、独り暮らし高齢者の増加に伴う、IoT活用による安全・安心プロジェクト	A	独り暮らし高齢者等の安全・安心の確保	低消費電力長距離通信による通信ネットワークと見守りデータと電力使用データ、バイタルデータ等を組み合わせた解析・サービス提供システムの構築
15	嚥下(えんげ)機能向上のためのトレーニングアプリ開発プロジェクト	A	誤嚥性肺炎の原因となる嚥下障害への対応	嚥下機能の改善につながるトレーニングアプリの開発と機能評価に関する定量的なデータ収集
16	認知症における医療機関と医療介護現場の橋渡しプロジェクト	A	医療機関と介護現場の連携による認知症治療の推進	認知症医療における医療機関と介護現場の相互連携を可能にするシステム構築
17	ビーコン内蔵型ウェアラブルセンサを使用した徘徊行動把握・予測システム	A	認知症罹患者の増加に対応する新しい見守り地域ネットワークづくり	省電力のビーコン内蔵型ウェアラブルセンサで位置情報とバイタルデータを収集し、認知症罹患者等の行動管理・体調管理サービスを提供
18	施設型介護事業者向けIoTスケジュール管理システム	A	施設型介護事業者の労働力不足	センサを活用した入居者情報のリアルタイム把握や、日常業務と介護保険関係報告業務をシームレスにつなぐ業務支援システムの開発
19	地域に特化した情報プラットフォームの構築	D	商業・行政サービスの情報整理	エリアに応じて必要な商業・行政サービス情報を効果的に提供するスマホアプリケーションの開発
20	作物体分析システム構築による臨床診断データ蓄積のための基盤整備	C	農作物の品質・農業収益性の確保および農業生産者の減少・人手不足解消	作物そのものの成分データを取り扱う作物体分析システム、および作物が受ける環境ストレスの原因と回避方法を生産者にフィードバックするためのデータ蓄積基盤の構築
21	AIを活用した窓口業務支援ツールの開発	E	様々な業種の窓口業務負担軽減と業務効率化におけるワークライフバランスの改善	窓口業務で利用する膨大な情報群の中からAI活用により必要な情報を的確に絞り込むことができる支援ツールの開発
22	QRコードを活用した多言語翻訳プロジェクト	E	県内を訪れる外国人観光客へのおもてなし向上とおんせん県おおいたの海外への情報発信強化	観光外国人に向けたQRコードによる地域特有言語を翻訳可能な多言語情報提供アプリの開発

25	溶接作業データ収集&管理システムによる溶接技術の伝承促進プロジェクト	D	少子高齢化により技術伝承が困難となっている溶接技術の見える化	品質向上に繋がる溶接データの把握とデータ蓄積による技術者の技術の見える化及び熟練者技術の伝承
26	観光資源保全と魅力発信コンテンツ開発プロジェクト	D	文化財等の観光資源保全及びインバウンド等来訪者へのサービス向上	ドローン等で対象物(観光資源)の3次元計測を行い、加工して魅力発信ツール等に活用できる3Dコンテンツを作成
27	AVATAR FISHING (アバター技術を活用した世界初の遠隔釣り体験実現プロジェクト)		最先端技術を活用した観光客の呼び込み等による観光産業の生産性向上	観光用釣り堀に釣り竿をもった遠隔操作ロボットを設置し、力触覚(ハプティクス)技術や高速通信技術を用いて、離れた場所で釣りを疑似体験できるシステムの開発
28	買物弱者等社会的弱者支援システム開発プロジェクト	D	地方の中山間地域等における買い物弱者対策と地域の商業機能の維持	消費者、商品提供者、運輸業者等をつなぎ、物流の効率化を図る「買物弱者等生活支援システム」の開発
29	土砂災害監視ビッグデータ収集および解析と地域住民災害情報提供サービスの構築	E	自然災害の被害を最小限に抑えるための早期避難の実現	地すべりセンサ等のデータ解析による土砂災害発生予測、地域発信SNS(Facebook、Twitter等)のテキスト分析による予兆・前兆現象等に基づく早期避難情報提供システムの構築
30	インターネット・オブ・ワイン(IoW) プロジェクト	C	消費者のニーズにマッチしたワイン生産による国産ワインの高付加価値化	土中センサ等による栽培データ収集、アプリ連動型ワインサーバーによる試飲情報収集等によるデータ分析をワイン製造や販路拡大に活かす仕組みの構築
31	地域経済牽引製造業IoTプロジェクト	D	県内中小製造業のニーズに見合うIoTシステムの開発・導入による生産性向上	県内中小製造業における設備管理、工程管理の課題をIoTシステム導入で解決するモデル工場の取組を県内に展開
32	日本列島Payless化プロジェクト	D	サブスクリプション型ビジネスモデルへの転換促進、ユーザーのサービス選択や利用手続の簡素化	小規模事業者などが行う定額サービスをまとめて閲覧、気に入ったサービスの契約、支払手続まで一括して行うことのできるWebサービス「SEAT(シート)」の展開
33	IoTを活用したバイオトイレのアフターフォローサービスの開発	B	観光客等の受入れ環境や建設業の労働環境の整備推進	くみ取り不要で水を必要としないバイオ分解式トイレについて、利用回数、処理槽湿度等のデータを蓄積し遠隔地から把握・通知ができるIoTシステムの開発
34	酒造りの品質確保をサポートする醸造工程IoTプロジェクト	D	酒造業における職人の高齢化に対応した酒造りの品質確保	発酵タンクの品温管理に加え微妙な歪変化を重量換算し、CO2濃度及びメタノール濃度の変化を連続収集・分析することによる最適な発酵工程管理システムの構築
35	住宅劣化を予測するHome IoTセンサ事業	E	資産価値のない既存木造住宅の負の資産化への対応(空き家増加による周辺の住環境悪化及び資産のない高齢者の転居阻害)	木造住宅の主要構造部内部の温湿度データを取得するIoTデバイスの開発により、効果的メンテナンスを可能とし、資産価値低下を抑制する仕組みの構築
36	車えび養殖のIoTによる生産性向上プロジェクト	C	姫島村の基幹産業である車えび養殖における生産性の向上	車えび養殖の生産性向上に向けたクラウドシステム(IoT)による養殖環境のデジタルデータ収集及び分析検証の仕組みの構築

37	先端技術を活用した新たな防災・減災のプラットフォーム構築	E	近年、多くの災害が発生しており、平時からの災害への備えや防災・減災への取組が必要。多様な情報が提供されるようになったものの、情報共有の仕組やリスク分析、防災教育に至るまでの情報の高度な活用が進んでいない。	過去の災害データや地域の固有情報等のデータをAI解析し、発災の可能性が生じたときの被害予測に基づいた迅速な調査や、通常からの防災教育に活用されるとともに、防災・減災に関する様々なテーマが生まれ、蓄積された情報を活用されることを目指すプラットフォームの構築
38	医師向け医療レファレンスサービスにおけるAI開発と事業化	A	医療現場における、難病情報の提供等、医師等へのサポート	難病医療レファレンスサービスをAI化し、これまで以上に、多くの医師等のサポートに活用
39	まるごと3Dシティ・プロジェクト	E	地理情報の有効活用による防災対策、特異な観光資源の保存及び情報発信による地域振興	市民と地元企業、参加型によるデータ収集を行い、収集した地理情報を3D化、そのデータを企業、IoTサービス、市民観光客等へ提供するビジネスを展開
40	AI活用による点群データの地物自動認識から創出されるドローンの自律運転システム開発プロジェクト		人口減少や少子高齢化等を背景とした商店撤退等による買い物弱者等の社会的弱者支援	レーザー計測で得た精緻な点群データと明瞭な画像データを合成することで、精緻かつ明瞭な3Dマップを創出し、GPS未受信エリアにおいてもドローンの自律運行が可能となるシステムの開発
41	ペット保有世帯の膨大なデータを収集し、消費予測および消費機会創出に活用するためのデータの蓄積・分析システムの構築	D	ペットツーリズム・ペット用品の消費動向の把握、活用	ペット保有世帯の膨大なデータを収集・分析し、観光及びペット産業へ提供
42	地域・伝統産業におけるIoTによる工程可視化	D	小規模企業で、低コストで運用できるIoTの活用による生産性向上	生産から流通までのデータ蓄積及びAIを用いた解析に基づく要因分析、適切な環境管理、製品品質の向上、作業者負担の軽減
43	カメラ映像解析によるメンタルヘルスチェックとAI技術を活用した分析サービスの構築	A	メンタルヘルスチェックの簡易化による健康管理	WEBカメラでの表情測定を行い、蓄積した感情データをAI活用して解析することで、専門スタッフを必要とせず、かつ低コストで「メンタル変化」や「ストレス状況」をチェックするシステムの開発
44	土壌分析とIoT活用によるスマート農業の普及・促進	C	農業就業人口、耕作地の増には、農業経営を安定させることが必要	圃場環境、土壌の日々のセンシングによる状態把握、データ管理を通じた農家の稼働削減、作業の効率化、追肥のタイミング、施肥設計の適正化を行い、収量の増加、作物の高品質化を目指す取組
45	IoTを活用した空気殺菌装置「エアロシールド」の機能向上プロジェクト	A	空気感染による感染症のリスクを押さえ、安心して暮らせる地域の実現	安全性の向上や定期的なメンテナンスや製品からのデータ収集、データ一元化を図るため、IoT機能を付与した製品(紫外線の殺菌力を利用して空気を殺菌する装置)の開発

| 46 | イベント会場における電子チケットサービスプロジェクト | D | キャッシュレス対応 | イベント会場における簡易なキャッシュレスサービス（電子チケット）が容易に導入できるプラットフォームサービスの開発 |

（出典：大分県 H.P.「大分県 IoT 推進ラボ認定一覧」表より著者作成）

https://www.pref.oita.jp/site/sme/heisei29-ninteikekka.html

【図表 37　Society5.0 のトレードオフと OITA4.0 の 8 分野】

カテゴリー	Society5.0のトレードオフ	OITA4.0の8分野（プロジェクト数）	計
A	予防検診・ロボット介護 健康寿命延伸・社会コストの抑制	医療・福祉(9)	9
B	エネルギーの多様化・地産地消 安定的確保、温室効果ガス排出削減	環境・エネルギー(1)	1
C	農作業の自動化・最適な配送 食料の増産・ロスの削減	農林水産業(11)	11
D	最適なバリューチェーン・自動生産 持続可能な産業化の推進・人手不足解消	製造業(5) 商業・流通・サービス業(7)	12
E	地方創生の推進 強靭なまちづくり	建設・防災(7) 観光・交通(5) 官公庁(1)	13

（出典：著者作成）

　図表 37 に、Society5.0 トレードオフに OITA4.0 の 8 分野を当てはめたものを示す。その結果、OITA4.0 の 46 のプログラムでは、図表 38 の 4 つのトレードオフのカテゴリーとは別に加えたカテゴリー E の「地方創生の推進」+「強靭なまちづくり」に該当するプロジェクトが最も多く 13 であった。

　これは、SDGs アクションプラン 2020 3 本の柱における「Ⅱ SDGs を原動力とした地方創生、強靭かつ環境に優しい魅力的なまちづくり」に該当する分野である。続いては、カテゴリー D、C、A、B という順番であった。

　次に、OITA4.0 におけるプロジェクトを SDG s アクションプラン 2020 の 3 本の柱にカテゴライズしてみる。

　OITA4.0 では、OVOP の伸展プロジェクトとして、県外の IT ベンチャー企業と連携した 1 次産業（ブリや車海老の養殖など）への AI や IoT の導入

によるスマート農林水産業がイメージされるが、製造業、商業・流通・サービス業の分野での AI や IoT の導入プロジェクトが多く認定されている。これは、大分県が別府温泉等の観光業が盛んなために、観光まちづくりによる地方創生が推進されているためである。

　たとえば、訪日外国人観光客が増え続ける県内温泉旅館・飲食店への QR コードを活用した多言語翻訳プロジェクトの認定は大分県ならではの地域特性と考えられる。

【図表 38　OITA4.0 プロジェクトのカテゴライズ】

カテゴリー	I. SDGsと連動する「Society5.0」の推進　II. SDGsを原動力とした地方創生、強靭かつ環境に優しい魅力的なまちづくり　III. SDGsの担い手として次世代・女性のエンパワーメント	
	プロジェクト名	三本の柱での項目
	もやし製造業におけるIoT生産ソリューションの構築	スマート農林水産業の推進(12)
	牛の授精適期判定のためのセンサシステムの開発	
	トマト出荷予測に向けたセンサ類の開発及び実証プロジェクト	
	病害虫検索システム	
	姫島スマート農業プロジェクト	
	農業被害対策用IoT検知システム	
	害獣見える化IoT	
	作物体分析システム構築による臨床診断データ蓄積のための基盤整備	
	養殖産業でのAI・IoT 技術を用いたデータ経営実現プロジェクト	
	インターネット・オブ・ワイン(IoW) プロジェクト	
	車えび養殖のIoTによる生産性向上プロジェクト	
	土壌分析とIoT活用によるスマート農業の普及・促進	
	嚥下(えんげ)機能向上のためのトレーニングアプリ開発プロジェクト	ICT分野の研究開発(11)
	認知症における医療機関と医療介護現場の構渡しプロジェクト	
	ビーコン内蔵型ウェアラブルセンサを使用した徘徊行動把握・予測システム	
	施設型介護事業者向けIoTスケジュール管理システム	
	QRコードを活用した多言語翻訳プロジェクト	
	AVATAR FISHING (アバター技術を活用した世界初の遠隔釣り体験実現プロジェクト)	
I	地域経済牽引製造業IoTプロジェクト	

	日本列島Payless化プロジェクト	
	IoTを活用したバイオトイレのアフターフォローサービスの開発	
	IoTを活用した空気殺菌装置「エアロシールド」の機能向上プロジェクト	
	イベント会場における電子チケットサービスプロジェクト	
	中小物流事業者の在庫管理・発注システム自動化	AI、ビッグデータの活用(12)
	IoT物流管理プロジェクト	
	IoT・AIを活用した医療介護支援システムの研究開発	
	在宅高齢者、独り暮らし高齢者の増加に伴う、IoT活用による安全・安心プロジェクト	
	AIを活用した窓口業務支援ツールの開発	
	AIを活用した多言語観光コンシェルジュ実証実験プロジェクト	
	溶接作業データ収集&管理システムによる溶接技術の伝承促進プロジェクト	
	酒造りの品質確保をサポートする醸造工程IoTプロジェクト	
	医師向け医療レファレンスサービスにおけるAI開発と事業化	
	AI活用による点群データの地物自動認識から創出されるドローンの自律運転システム開発プロジェクト	
	ペット保有世帯の膨大なデータを収集し、消費予測および消費機会創出に活用するためのデータの蓄積・分析システムの構築	
	カメラ映像解析によるメンタルヘルスチェックとAI技術を活用した分析サービスの構築	
	地域活性化に貢献するIoTを活用したシェアサイクリングシステムの構築	地方創生の推進(5)
	地域に特化した情報プラットフォームの構築	
	観光資源保全と魅力発信コンテンツ開発プロジェクト	
	まるごと3Dシティ・プロジェクト	
	地域・伝統産業におけるIoTによる工程可視化	
Ⅱ	"ちいき・げんき"見える化プロジェクト(みえプロ)	強靭なまちづくり(6)
	IoT活用による災害時在宅避難者支援実証事業	
	買物弱者等社会的弱者支援システム開発プロジェクト	
	土砂災害監視ビッグデータ収集および解析と地域住民災害情報提供サービスの構築	
	住宅劣化を予測するHome IoTセンサ事業	
	先端技術を活用した新たな防災・減災のプラットフォーム構築	
Ⅲ		0

（出典：著者作成）

図表 38 の結果では、OITA4.0 はカテゴリー I の SDGs と連動する
「Society5.0」の推進に該当するプロジェクトが最も多く、カテゴリー II の
SDGs を原動力とした地方創生、強靱かつ環境に優しい魅力的なまちづくり
に該当するプロジェクトは全体の 1/4 程であった。しかし、カテゴリー III
の SDGs の担い手として次世代・女性のエンパワーメントに該当するプロジ
ェクトはなかった。

4　OVOP に求められる新たな価値創造による 経済発展と社会的課題の解決の両立

　日本政府による SDGs アクションプランでは、Society5.0 によるイノベー
ションで創出される新たな価値により、地域、年齢、性別、言語等による格
差がなくなり、個々の多様なニーズ、潜在的なニーズに対して、きめ細かな
政策対応が可能となることが期待される。
　日本の SDGs モデルでは、モノやサービスを、必要な人に、必要なときに、
必要なだけ提供されるとともに、社会システム全体が最適化され、経済発展
と社会的課題の解決を両立していける社会となるからである。
　その実現には、交通、医療・介護、ものづくり、農業、食品、防災、エ
ネルギー等様々な問題を解決していく必要があるが、世界で展開する OVOP
は、この克服にチャレンジし、グッドプラクティスとして SDGs 推進の模範
となることが期待される。
　図表 39 は、Society5.0 による経済発展と社会的課題の解決を両立するイ
メージ図である。
　これまでは、経済発展が進めば、エネルギーの需要増加により化石燃料
が消費され温室効果ガス排出削減の問題が発生した。食料の需要増加があれ
ば、食料の増産がおこりその分ロスも増加する問題がある。医療・福祉が進
めば人の寿命は延び高齢化社会になるため、生産年齢人口が負担する社会コ
ストが増加する。経済のグローバル化が進めば、国際的な競争が激化し、国
によっては特定の地域の産業の衰退が生じる。また、グローバル化は富の集
中や地域間の不平等が発生している。

【図 39　新たな価値創造による経済発展と社会的課題の解決の両立】

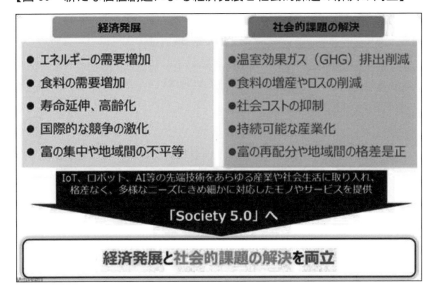

(出典：日本政府内閣府 H.P.「科学技術政策」図より転載)。

https://www8.cao.go.jp/cstp/society5_0/

　Society4.0 までで生じた以上のような経済発展と社会的課題の解決はトレードオフの関係にあるが、Society5.0 は、IoT、ロボット、AI 等の先端技術をあらゆる産業や社会生活に取り入れ、格差なく、多様なニーズにきめ細かに対応したモノやサービスを提供するものである。

5　世界に広がる OVOP

　大分県で始まった OVOP は、現在、世界各地でいっそうの広がりをみせている。ベトナムにおいては、OCOP（One Commune One Product）の名称の下、日本の OVOP 等の前例に倣いながら、2013 年より東北部クアンニン省で始まった。

　その後、ベトナム全土に OCOP が展開され、2018 年 4 月時点で全国 63 省市のうち 60 省市が OCOP に参加している。2018 年 5 月に、2018 ～

2020年のOCOPについて定めたベトナム政府による通達が行われた。総事業費は約45兆VND（約2173億円）で、ベトナム農業・地方開発省が他の省とともに、ベトナムにおけるOCOPを強力に推進してくことになった。

　ベトナム政府による大きな施策の決定がなされる一方、草の根レベルでOCOPを推進していく民間団体、国際OVOP（以下I-OVOP＝International One Village One Product）が2018年に設立された。

　I-OVOPは、ベトナムにおいて草の根レベルでOCOPを推進していくだけでなく、世界各国で繰り広げられている一村一品運動のプラットフォームとなっている。

　2019年4月、ホーチミン市において、世界各国の一村一品運動に関わる人、情報、そして製品が一同に集結するI-OVOPコンファレンス及びI-OVOPエキシビションとしてGlobal OCOP Network Connection Forumが開催された。このフォーラムにおいて、ベトナムのヴォン・ディン・フェ副首相は次のようなスピーチを行っている[14]。

　「このプログラムのおかげで、農村部でつくられた素晴らしいデザイン・高品質の多くの製品が、著名な国内外の店舗、スーパーマーケットチェーンで流通しています。このプログラムは新しい農村地域開発モデル、特にそのモデルの一部である生計基準を改善しました」

　そして、チャン・タイン・ナム農業農村開発副大臣は、63ある州の主要都市のうち、42がOCOPプロジェクトの実施を承認したと述べ、2018年から2020年におけるプログラムの目的には、各地域の農産物・非農産物の生産とサービスを改善し、民間・公共部門の連携でバリューチェーンを構築することが含まれること。農業観光の発展も重要な施策の1つであることが付け加えられた。

　ベトナムにおけるOCOPの推進及びI-OVOPの設立の裏には、大分県に本部を構える国際一村一品交流協会の強力なサポートがあった。本協会の内田正理事長が2018年5月にハノイ市を訪問し、ホアビン省人民委員会副代表、同省カオフォン県代表、カオフォン県オレンジ生産協働組合代表らと面会し、農村部の持続可能な発展のためにOCOPを推進し付加価値のある商品を開発することの重要性等を説明している。

ベトナム以外でも多くの国がOVOPに取り組んでいる。台湾ではOne Town One Product（OTOP）が展開されている。OTOP製品はデザイン性を重視しているのが特徴である。

　パキスタンではAHAN（Aik Hunar Aik Nagar ウルドゥー語で一技能・一地域の意）が展開されている。AHANは、新たな雇用機会を創り、パキスタンの地方の貧困をなくすため、本部のあるラホール、並びに支部のあるカラチ、ペシャワール及びクエッタを起点に、2007年より展開されている。AHANは日本の一村一品運動をパキスタンの現状に合わせて現地化しながら取り入れており、過去に大分県の国際一村一品交流協会をパキスタンに招待して直接指導を受けた経験もある。

6　まとめ

　Society4.0までの社会では、経済や組織といったシステムが優先され、個々の能力などに応じて個人が受けるモノやサービスに格差が生じている面があった。Society5.0は、1人ひとりの人間が中心となる社会の実現が目指されている。

　そこで本研究では、IoT、AI等の先端技術導入による地方創生を推進するOITA4.0を題材に、SDGsアクションプラン3本の柱に位置付けられる「Society5.0」の推進との対比を行った。

　その結果、OITA4.0において認定されたプロジェクトでは、カテゴリーⅠのSDGsと連動する「Society5.0」の推進が全体の3/4で最も多いことが確認されたが、カテゴリーⅡのSDGsを原動力とした地方創生、強靭かつ環境に優しい魅力的なまちづくりに該当するプロジェクトも1/4程度はあった。そして、カテゴリーⅢのSDGsの担い手として次世代・女性のエンパワーメントに該当するプロジェクトはなかった。

　しかし、このカテゴリーⅢのSDGsの担い手として次世代・女性のエンパワーメントについては、大分県が1979年から2003年までに取り組んだOVOPでは、若手母子家庭の就業を応援する「豊の国しらゆり塾」やOVOPに取り組む女性起業家のための「大分県一村一品女にまかせろ100人会」

などOVOPを担う人づくりを重視するという特徴があった。

　OITA4.0では、AIやIoTの導入による地方創生を目的としたプロジェクトの推進であるため、「次世代・女性のエンパワーメント」、「人づくりの中核としての保健、教育」をテーマとしたプロジェクトでは、スマート農業等に比べて、重要目標達成指数（KGI = Key Goal Indicator）等の定量化の評価に確定された知見が少ないという面もある。

　しかし、OVOPの担い手としての女性の役割は平松知事の取組みで実証された政策であった。したがって、OITA4.0においてもこれからのプロジェクト認定において、「SDGsの担い手として次世代・女性のエンパワーメント」をテーマとしたプロジェクトが政策的に認定されることが期待される。

　Society 5.0では、ビッグデータを踏まえたAIやロボットが今まで人間が行っていた作業や調整を代行・支援するため、日々の煩雑で不得手な作業などから解放され、誰もが快適で活力に満ちた質の高い生活を送ることができるようになる。これは1人ひとりの人間が中心となる社会であり、決してAIやロボットに支配され、監視されるような未来ではない。

　また、日本のみならず世界の様々な課題の解決にも通じるもので、国連の「持続可能な開発目標」(SDGs)の達成にも通じるものである。

　OVOPの取組みは、SDGsの17の目標すべてに該当するプロジェクトである。特に開発途上国における目標1「貧困をなくそう」、目標2「飢饉をゼロに」、目標3「すべての人に健康と福祉を」、目標4「質の高い教育をみんなに」、目標5「ジェンダー平等を実現しよう」、目標8「働きがいも経済成長も」、目標9「産業と技術革新の基盤をつくろう」ついて有用である。

　しかし、アフリカなどの開発途上国では、未だにSociety3.0の工業化に至っていない国も多いため、一足飛びにSociety5.0に適用できることには無理があると考えられる。

　そのために日本などのSDGs先進国は、発展と社会的課題の解決のためのSDGsの制度設計として、目標16「平和と公正をすべての人に」の支援が求められる。また、目標17「パートナーシップで目標を達成しよう」では、行政官だけではなく、実務者も協働してプロジェクトに取り組むことが求められる。

参考文献

・安浦寛人（2016）「ICT 活用の新段階：総論」『IDE:ICT 活用の新段階』第 585 号、IDE 大学協会

引用

1　ドイツ工学アカデミーと連邦教育科学省が 2011 年に発表したインダストリー 4.0 （I4.0 ＝ Industry 4.0）は、同年のハノーファー・メッセで初めて公表された。この I4.0 は、製造業におけるオートメーション化およびデータ化・コンピュータ化を目指す技術的コンセプトに付けられた名称である。具体的には、サイバーフィジカルシステム (CPS) 、モノのインターネット (IoT) 、クラウドコンピューティング、コグニティブコンピューティングなどが含まれる。I4.0 は一般に 4IR として言及される。

2　インダストリアルインターネットは、米国のゼネラル・エレクトリック社が 2012 年に発表したもので、ICT 技術を活用し生産性の向上やコストの削減を支援する産業サービスである。様々な製品から集められた稼働データをビッグデータとして分析し、運用・保守や次の製品開発に生かす事により、製造業のビジネスモデルを変える取り組みである。運用の最適化や、故障の前兆を発見するなど、タービンや発電機の運用効率向上に役立つことが期待されている。IoT に対する取り組みにより派生したものであり、ドイツの I4.0、日本の Society5.0 等と同じイノベーションを目指す取り組みといえる。

3　Uber は、アメリカの企業であるウーバー・テクノロジーズが運営している自動車配車ウェブサイト及び配車アプリである。2019 年時点で、世界 70 カ国・地域の 450 都市以上で展開されている。

4　Airbnb は、宿泊施設・民宿を貸し出す人向けのウェブサイトである。2019 年時点で、世界 192 カ国の 33,000 の都市で 80 万以上の宿を提供している。非公開会社 Airbnb, Inc.（2008 年 8 月設立、本社サンフランシスコ）が運営している。

5　シェアリングエコノミーとは、物・サービス・場所などを、多くの人と共有・交換して利用する社会的な仕組みを言う。例えば、自動車を個人や会社で共有するカーシェアリングをはじめ、ソーシャルメディアを活用して、個人間の貸し借りを仲介するさまざまなシェアリングサービスが登場している。プライスウォーターハウスクーパース (PwC) によると、2013 年に約 150 億ドルだったシェアリングエコノミーの市場規模は、2025 年には約 3350 億ドル規模に成長すると見込まれている。

6 4IR は、18 世紀の最初の産業革命以降の 4 番目の主要な産業時代を指す。それは物理、デジタル、生物圏の間の境界を曖昧にする技術の融合によって特徴づけられる。4IR はロボット工学、人工知能 (AI) 、ブロックチェーン、ナノテクノロジー、量子コンピュータ、生物工学、モノのインターネット (IoT) 、3D プリンター、自動運転車などの多岐に渡る分野においての新興の技術革新が特徴である。

7 IoT やビッグデータ、人工知能（AI）、ロボット、シェアリングエコノミーなどのイノベーションをあらゆる産業や社会生活に取り入れ、さまざまな社会課題を解決する Society 5.0 の実現に向けた政府施策。

8 SDGs アジェンダの実施をレビューするグローバル・レベルでのフォローアップ・プロセスとして、国連ハイレベル政治フォーラム（HLPF = High Level Political Forum）が位置づけられた。HLPF の会合は、総会主催会合（首脳級＝ SDG サミット、4 年に 1 回開催）と経社理主催会合（閣僚級、毎年開催）がある。参加者は，すべての国連加盟国及び専門機関加盟国となっている。閣僚級 HLPF では、毎年希望する国が 2030 アジェンダ実施の取組状況について自発的国家レビュー（VNR: Voluntary National Review）を実施することになっており、2017 年 7 月の HLPF では日本も同レビューを実施した。

9 SDG サミット 2019 が国連で開催され、日本からは安倍総理が出席した。同サミットでは、首脳レベ
ルで SDGs 採択以降過去 4 年間の取組のレビューが行われ SDGs 達成のモメンタムが高められた。

10 SDGs 推進本部（2016 年 12 月 28 日）「SDGs 実施指針改定版」p 3 https://www.mofa.go.jp/mofaj/gaiko/oda/sdgs/effort/index.html

11 SDGs 推進本部（2016 年 12 月 28 日）「SDGs アクションプラン 2020 ～ 2030 年の目標達成に向けた「行動の 10 年」の始まり～」p 1 https://www.mofa.go.jp/mofaj/gaiko/oda/sdgs/effort/index.html

12 日本政府内閣府 H.P.「科学技術政策」https://www8.cao.go.jp/cstp/society5_0/

13 1995 年に制定された「科学技術基本法」により、政府は「科学技術基本計画」（以下基本計画という。）を策定し、長期的視野に立って体系的かつ一貫した科学技術政策を実行することとなった。これまで、第 1 期（1996 ～ 2000 年度）、第 2 期（2001 ～ 2005 年度）、第 3 期（2006 ～ 2010 年度）、第 4 期（2011 ～ 2015 年度）の基本計画を策定し、これらに沿って科学技術政策を推進してきた。そして、2016 年 1 月 22 日、

2016〜2020年度の第5期基本計画が閣議決定された。

14　DEGIMA NEWS（2019年4月26日記事）「ベトナム：「一村一品」運動でグローバルなつながりを追求」

全編の参考資料

< 生活改善運動 >

・大門正克（2012）「新生活運動と日本の戦後―敗戦から1970年代」日本経済評論社

・田中宣一（2011）「暮らしの革命―戦後農村の生活改善事業と新生活運動」農山漁村文化協会

・水野正己（2002）『日本の生活改善運動と普及制度』「国際開発研究」11巻2号 p. 39-51

< SDGs >

・西嶋啓一郎（2019）「SDGsを基盤にした大学連携型地域貢献」セルバ出版

・国際連合広報センター H.P.

・外務省 H.P.「持続可能な開発のための2030アジェンダ」

< OVOP >

・城戸宏史（2016）「『一村一品運動』から紐解く『地方創生』」日経研月報 2016年6月、日本経済研究所

・大分県（2015）「過疎地域自立促進方針（平成28年度〜平成32年度）」

・松井和久、山神進編（2006）「一村一品運動と開発途上国 ―日本の地域振興はどう伝えられたか―」ジェトロ・アジア経済研究所

・中小企業基盤整備機構（2012）「女性の潜在能力を活用した一村一品運動」

・平松守彦（2006）「地方自立への政策と戦略」東洋経済新報社

・大森彌監修（2001）「一村一品運動20年の記録」大分県一村一品21推進協議会

・平松守彦（1990）「地方からの発想」岩波新書

・(社)大分県地域経済情報センター（1982）「大分県の「一村一品運動」と地域産業政策」

あとがき

　「豊かさとは何か」を追究してきたアマルティア・セン[1]は、新古典派の主流派経済学[2]における「Utility（効用）」と「Welfare（厚生）」を批判した。ハーバード大学で経済学と哲学の教授を務めたセンは、「Well-being（豊かさ、暮らしぶりのよさ）」を追究している。センの考える豊かさとは次のようなものと考えられる。

　人々が自由に自分のやりたいことができ、なりたいものになり、行きたいところに行ける。皆の栄養が十分で、自分が住むコミュニティーで議論に加わり決定に参加する。そして、他人の豊かさにも貢献し、その活動から自尊心を得る。子供の食事も十分で、教育も与えることができる。

　センはこのような状態と、それを達成する可能性に最大限の価値を与える。これは、所得だけでは計れない。消費数量だけでもわからない。伝統的な経済学の「Needs Fulfillment（欲望充足）」「Utility（効用）」、「Satisfaction（満足感）」だけで捉えることは不十分であると考えた[3]。

　センの貧困分析の中心にある考え方は、「Entitlement（権原）」アプローチと呼ばれるものである。これは所有権を一種の権原と捉え、その権原がどれぐらい与えられているかということをもって、貧困の問題を捉えるという概念上の考え方である。

　経済学に関する権原には交換権原、生産権原、自己労働権原、相続・移転権原などが認められているが、貧困の問題は、社会的に見て貧困層に属すると判断される人々が、そこから脱出するだけの十分な権原を与えられていない結果であって、社会全体に彼らを救い出すだけの資源や資金が不足しているという事ではないという事実をセンは指摘した。

　これは法哲学的には権利論や人権といった概念に近いもので、現代の貧困に関する政策的な対応もこの基本的人権の尊重という側面と、市場経済のメカニズムの中での解決という両側面があり、貧困問題を考える上での重要な視点を与えてくれる。

　世界銀行は、「2030年までに極度の貧困を世界全体で3％まで減らす」、また「すべての途上国で所得の下位40％の人々の所得拡大を促進する」と

いう2つの目標を掲げており、貧困に関する様々なデータを収集・分析している。世界銀行は、2015年10月、国際貧困ラインを2011年の購買力平価（PPP）に基づき、1日1.90ドルと設定している（2015年10月以前は、1日1.25ドル）[4]。

　世界銀行による世界の貧困率および貧困層の数の集計は次のとおりである[5]。

・貧困率　1990年：36%　2015年：10%
・貧困層の数　1990年：18億9500万人　2015年：7億3600万人

　2015年9月、ニューヨークの国連本部で開催された「持続可能な開発サミット」において、地球規模で取り組むべき大きな国際目標が採択された。

　それは、持続可能な開発目標（SDGs ＝ Sustainable Development Goals）である。そこに盛り込まれているのは、世界を変えるための17の目標とそれを達成するための具体的な169のターゲットで構成されるアクションプランである。

　SDGs目標1では「あらゆる場所のあらゆる形態の貧困を終わらせる」が掲げられているが、そのターゲット1.1で「2030年までに、現在1日1.25ドル未満で生活する人々と定義されている極度の貧困をあらゆる場所で終わらせる」、ターゲット1.2で「2030年までに、各国定義によるあらゆる次元の貧困状態にある、すべての年齢の男性、女性、子どもの割合を半減させる」が明記された。

　世界銀行やSDGsで定められた国際貧困ラインでは具体的な指標で示されているが、センが指摘したように、貧困の問題は、社会的に見て貧困層に属すると判断される人々が、そこから脱出するだけの十分なEntitlement（権原）が与えられていない結果であって、社会全体に彼らを救い出すだけの資源や資金が不足しているということではないことを考えなければならない。

　そのため、現代の貧困に関する政策的な対応は、この基本的人権の尊重という側面と、市場経済のメカニズムの中での解決という両側面があることを考慮しなければならない。したがって、社会的に見て貧困層に属すると判断

される人々が、そこから脱出するだけの十分なEntitlement（権原）を与えられることが求められる。

Entitlement（権原）は、国際法における領域権原に、国家による先占、時効、併合、割譲、征服、添付等の領域の支配を正当化する根拠が挙げられる。日本の民法では、ある物を使用する場合、所有権や地上権等といった物権や、賃借権や使用借権等の債権がその使用を正当化するものとされる。すなわち、十分なEntitlement（権原）が与えられるということは、貧困とされる地域で暮らす人たちが、誇りを持って自立した社会を営むことができるということである。

そして、先進国の援助は、経済援助による単純な所得の増加ではなく、その先にあるバランスの取れた地域社会構築の支援といえる。そのためには、その地域に居住して働く人にとって、生活をしていくのに十分な収入を得られ、誇りを持ちやりがいのある「仕事」の創出・維持が必要である。

本書では、そのための仕組みづくりとして一村一品運動（OVOP ＝ One Village One Product）に焦点を当てた。

OVOPの取組みは、SDGsの17の目標すべてに該当するプロジェクトである。特に開発途上国における目標1「貧困をなくそう」、目標2「飢饉をゼロに」、目標3「すべての人に健康と福祉を」、目標4「質の高い教育をみんなに」、目標5「ジェンダー平等を実現しよう」、目標8「働きがいも経済成長も」、目標9「産業と技術革新の基盤をつくろう」ついて有用である。

元々のOVOPは、過疎問題に直面した九州大分県が、県民の知恵を結集して取り組んだ地域創生事業である。この事業は1979年から6期24年知事を努めた平松守彦によって取り組まれた。

この事業の特徴には、地域と世界をつなぐグローバル化、地域が自ら考え工夫する自立化、運動を担う人材育成などの理念と政策を挙げることができる。またこの事業は、日本国内の他の地域や、国際協力機構の青年海外協力隊などを通じて開発途上国への支援政策にもなっている。

また、日本政府は、2018年に策定したSDGsアクションプランにおいて、3本の柱の更新を行っているが、その第一にSDGsと連動する「Society5.0」

の推進がある。

　大分での OVOP は、平松知事に続く広瀬知事により 2019 年まで「大分県版第 4 次産業革命 OITA4.0」としてあらたな展開が行われているが、OITA4.0 は Society5.0 に呼応するものである。そこでは大分県 IoT 推進ラボという認定制度を立ち上げ、県内企業が参画する IoT 等のプロジェクトや、製品、サービスを認定することにより、IoT 等の活用に積極的に挑戦する県内企業の支援が行われている。

　本書では、OVOP の海外での展開としてエルサルバドルの OVOP を例示した。エルサルバドルでは、2010 年の OVOP 事業導入以来、国内 82 市で OVOP コンセプトの普及・啓蒙が図られ、OVOP を主体的に運営する地域別委員会が 42 市で設立され、各種 OVOP 活動が実施されている。またこれら地域別委員会の連合である全国 OVOP ネットワークが設立され、さらには国家小零細企業委員会（以下 CONAMYPE）内に OVOP 局が設置されるなど、体制面での拡充が図られた。

　エルサルバドルでは、政策面でも OVOP 事業の政策的支柱となる「OVOP 国家政策」が 2016 年 10 月に策定・公布された。これにより、OVOP 事業の継続性が担保されたことから、制度・政策面でもエルサルバドルでの地場産業振興の重要な活用事例となっている。

　そのためエルサルバドルの OVOP では今後の展開として、OITA4.0 のように IoT や AI を活用した新しい技術の展開も期待されるが、エルサルバドルを含めた開発途上国では、未だに Society3.0 の工業化に至っていない国も多いため、一足飛びに Society5.0 に適用できることには無理があると考えられる。日本などの SDGs 先進国は、発展と社会的課題の解決のための SDGs の制度設計として、目標 16「平和と公正をすべての人に」の支援が求められる。

　日本経済大学大学院では、エルサルバドル政府と「エルサルバドル都築奨学生プログラム」の合意書締結を以って、2019 年 4 月から、エルサルバドル国内で選抜された OVOP を担うリーダー候補の留学生 2 名を受け入れ研究指導を行っている。留学生は、日本経済大学大学院福岡キャンパスサテライトにおいて、経営学やビジネスマネジメント研究の専門知識を学びながら、

元祖 OVOP の大分県でのフィールドワークや中小企業でインターンシップの経験を行っている。

　日本経済大学による大学連携型国際貢献は、このプログラムを契機に更に他の地域にも普及されることが期待される。

　最後に、OVOP に関する現地調査では、大分県商工観光労働部先端技術挑戦室先端技術挑戦班主事小倉良介氏及び、大分県農林水産部おおいたブランド推進課おおいたブランド推進班西水良太氏、同海外流通班河室雄士氏には、現在の大分県における新たな形の地域特産品についての多くの情報をいただいた。

　そして、駐日エルサルバドル特命全権大使マルタ リディア・セラヤンディア閣下には、巻頭言をいただくことに際して、エルサルバドルの OVOP における「生活改善運動[6]」とのつながりが重要であるという示唆をいただいた。この場を借りて御礼申し上げたい。

西嶋　啓一郎

引用

1　Amartya Sen（1933 年 11 月 3 日 - ）は、インドの経済学者、哲学者。政治学、倫理学、社会学にも影響を与えている。1998 年に経済の分配・公正と貧困・飢餓の研究における貢献によりアジア初のノーベル経済学賞を受賞した。1988 年から 1998 年までハーバード大学の経済学と哲学の教授を務め、1994 年アメリカ経済学会会長に就任している。1998 年から 2004 年までは、ケンブリッジ大学トリニティ・カレッジの学寮長（マスター）を務めた。2004 年からは再びハーバード大学教授に復帰している。

2　新古典派の主流派経済学は、限界理論と市場均衡分析をとりいれた経済学をいう。数理分析を発展させたのが特徴であり、代表的なものにレオン・ワルラスの一般均衡理論や新古典派成長理論などがある。新古典派においては一般に、経済を経済主体の最適化行動と需給均衡の枠組みで捉え、パレートの意味での効率性によって規範的な評価を行うことが特徴である。

3　アマルティア・セン、黒崎卓・山崎幸治訳（2000）「貧困と飢饉」、岩波書店
Amartya Sen (1982) "Poverty and Famines: An Essay on Entitlement and Deprivation",

Clarendon Press

4 2011 年の購買力平価に基づき、国際貧困ラインを 1 日 1.90 ドルで計算。

5 世界銀行「世界の貧困に関するデータ（2018 年 10 月 5 日）」https://www.
worldbank.org/ja/news/feature/2014/01/08/open-data-poverty

6 日本における「生活改善運動」は、第 2 次世界大戦後は、都市と比べて遅れた農村の
生活改善を主とし環境衛生の改善などがはかられた。

著者略歴

西嶋 啓一郎（にしじま　けいいちろう）

1960 年　福岡県福岡市生まれ。
1985 年　多摩美術大学美術学部建築科卒業
1997 年　福岡大学大学院経済学研究科経済学専攻博士課程前期修了
2002 年　九州工業大学大学院工学研究科設計生産専攻博士課程後期
　　　　　修了　工学博士
2006 年　北九州市立大学国際環境工学部空間デザイン専攻非常勤講師
　　　　　（2009 年 3 月まで）
2008 年　第一工業大学工学部建築デザイン学科准教授
2012 年　第一工業大学工学部建築デザイン学科教授
2015 年　日本経済大学経営学部経営学科福岡キャンパス教授
2017 年　日本経済大学経営学部経営学科東京キャンパス教授
現在　　日本経済大学大学院経営学研究科エンジニアリング・マネジメント専攻
　　　　政策科学研究所教授（2018 年 4 月から）
　　　　鹿児島県建築士会姶良霧島支部理事（景観まちづくり部門 2009 年 4 月から）
　　　　日本観光学会九州支部事務局補佐（2019 年 7 月から）
経歴　：文部科学省戦力 GP「大学コンソーシアム鹿児島」運営委員（2009 ～ 2013 年）
　　　　霧島市外部評価委員会委員長（2014 ～ 2015 年）
　　　　太宰府市事務事業外部評価委員会副委員長（2015 ～ 2018 年）
論文　：「社会思想家としてのジョン・ラスキン―生活の豊かさにおける本質的価値に
　　　　ついて―」1997 年 3 月福岡大学修士学位論文
　　　　「風景生成における心的過程に関する研究―朝鮮通信使を例として―」
　　　　2002 年 3 月九州工業大学博士学位論文
　　　　「柳川掘割の価値」2014 年度日本建築学会大会（近畿）農村計画部門パネルディ
　　　　スカッション資料集
著書　：『第二次世界大戦後のアメリカ旅客航空運輸の変遷』「亜東経済国際学会研究叢書
　　　　２１・東アジアの観光・消費者・企業」五弦舎、2019 年 3 月

SDGsを基盤にした大学連携型国際貢献
エルサルバドルのOVOP

2020年 9 月10日　初版発行

著　者　　西嶋　啓一郎　©Keiichiro　Nishijima
発行人　　森　　忠順
発行所　　株式会社 セルバ出版
　　　　　〒 113-0034
　　　　　東京都文京区湯島 1 丁目 12 番 6 号 高関ビル 5 B
　　　　　☎ 03（5812）1178　　FAX 03（5812）1188
　　　　　http://www.seluba.co.jp/
発　売　　株式会社 三省堂書店／創英社
　　　　　〒 101-0051
　　　　　東京都千代田区神田神保町 1 丁目 1 番地
　　　　　☎ 03（3291）2295　　FAX 03（3292）7687

印刷・製本　モリモト印刷株式会社

Printed in JAPAN
ISBN978-4-86367-607-7